Manual do CEO moderno

Universo dos Livros Editora Ltda.
Rua do Bosque, 1589 – Bloco 2 – Conj. 603/606
Barra Funda – Cep: 01136-001 – São Paulo/SP
Telefone/Fax: (11) 3392-3336
www.universodoslivros.com.br
e-mail: editor@universodoslivros.com.br
Siga-nos no Twitter: @univdoslivros

DAMRONG PINKOON

Manual do CEO moderno

São Paulo
2014

UNIVERSO DOS LIVROS

Diretor editorial
Luis Matos

Editora-chefe
Marcia Batista

Assistentes editoriais
Aline Graça
Rafael Duarte
Rodolfo Santana

Tradução
Vanessa Ribeiro

Preparação
Mariane Genaro

Revisão
Viviane Zeppelini

Projeto gráfico
Damrong Pinkoon

Arte e capa
Francine C. Silva
Valdinei Gomes

Dados Internacionais de Catalogação na Publicação (CIP)
Angélica Ilacqua CRB-8/7057

P725m

Pinkoon, Damrong
Manual do CEO Moderno / Damrong Pinkoon; tradução de Vanessa Ribeiro. – São Paulo: Universo dos Livros, 2014.
192 p. : il., color.

ISBN: 978-85-7930-741-6
Título original: *CEO Know+How*

1. Executivos 2. Negócios 3. Liderança 4. Marketing 5. Sucesso
I. Título II. Ribeiro, Vanessa

14-0559 CDD 658

Para viajar pelas águas,

É necessário, a princípio, saber como navegar.

Aqueles que não sabem,

Sempre navegarão no sentido contrário.

PENSAMENTO

A importância do presidente de uma empresa é muito grande, pois é dele que partem as iniciativas de todas as áreas da organização. Independentemente de qual seja o próximo passo, este deve ser iniciado com um pensamento. Possuindo um líder astuto, um país pode ser comparado a um trem chegando a seu destino: algumas paradas devem ser feitas para verificar se a direção ainda está correta.

Na maior parte das pequenas empresas, sempre há o PENSAMENTO INDEPENDENTE e não o PENSAMENTO SISTÊMICO ou o PENSAMENTO HOLÍSTICO. Se essas pequenas empresas desejam ter pensamento estratégico, é necessário que sejam capazes de iniciar, a princípio, com o PENSAMENTO SISTÊMICO. Este livro apresenta aos CEOs* diversas ideias e sugere diferentes processos de pensamento. As ideias são destacadas em imagens e infográficos de modo que sejam fáceis de serem absorvidas.

---

* CEO é a sigla inglês para Chief Executive Officer, ou, em português, diretor executivo. (N.E.)

EMPRESA

ESTRATÉGIA EMPRESARIAL

CONCORRÊNCIA

GERAÇÃO DE VALOR

ESTRATÉGIA DE MARCA

PENSAMENTO ESTRATÉGICO

EMPRESA

VISÃO
MISSÃO
GESTÃO DE RECURSOS
PROJEÇÃO FINANCEIRA
OLIGOPÓLIO
CONCORRÊNCIA PERFEITA

1 VISÃO

PLANEJAMENTO DO FUTURO.

CONCEITO

Refletir sobre o que se deseja ser no futuro.

TÉCNICA

1) Iniciar com a Análise de SWOT.

FORÇAS	(Strength): Vantagens internas (pontos fortes da empresa)
FRAQUEZAS	(Weakness): Desvantagens internas (pontos fracos da empresa)
OPORTUNIDADE	(Opportunity): Uma ocasião propícia (aspectos positivos de fora da empresa)
AMEAÇAS	(Threat): Um obstáculo

2) A percepção das Forças, Fraquezas, Oportunidades e Ameaças é a diretriz para que seja possível continuar a estabelecer a visão da empresa.

VISÃO = SER PERSPICAZ

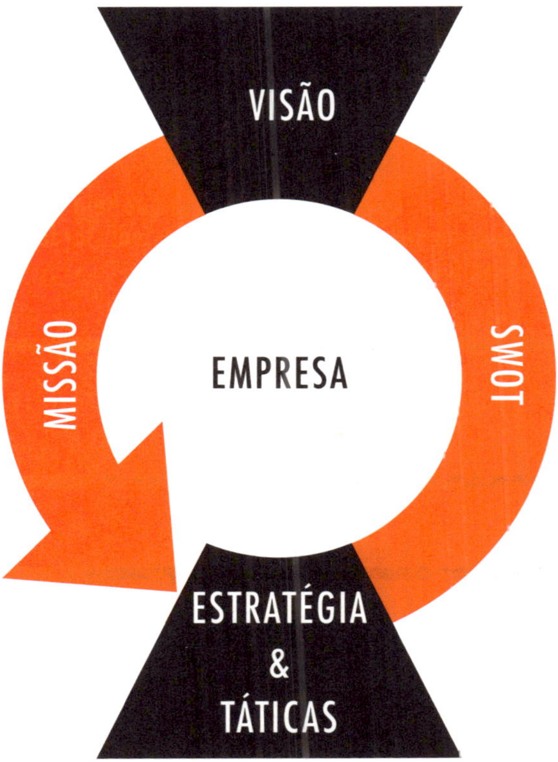

PLANEJAMENTO DO FUTURO

3) A VISÃO é a diretriz para o planejamento da estratégia da empresa.

4) A VISÃO é o início de todos os processos dentro de uma empresa.

5) Uma boa visão deve ser estabelecida de forma que seja possível para a empresa alcançar seu destino mais cedo ou mais tarde, dependendo dos resultados que desejar.

Ter VISÃO significa ser perspicaz ou visualizar o futuro de uma organização.

As VISÕES geralmente são tidas pelo líder da organização, mas algumas são definidas pelos diretores e executivos, pois eles também veem o futuro da empresa. Enquanto outras ainda podem ser estabelecidas por meio da cooperação dos colaboradores, visto que também podem idealizar o futuro da empresa.

VISÃO

=

FUTURO

VISÃO

Muitas empresas estabelecem incorretamente sua visão e não conseguem prosperar. Algumas visões são muito extensas, enquanto outras são muito reduzidas, ou ainda muito otimistas.

Um mau começo leva a um percurso turbulento. Não importa quão grande ou pequena é uma empresa. Se o desejo é fazer as melhores escolhas, é preciso encontrar o melhor caminho e trilhá-lo com cautela.

Se a visão da sua empresa for boa e decisiva, é possível que os clientes se lembrem disso – e assim criará outra maneira de os clientes se comunicarem.

Exemplo de visão: "Nosso hospital precisa ser o melhor da Malásia". Primeiro, ser "o melhor" é um objetivo óbvio. Segundo, deve ser mencionado "o campo" em que desejam que o hospital seja o melhor. Por exemplo, "O melhor hospital de atendimento a doenças cardíacas na Malásia".

Essa visão clara mostrará para os funcionários do hospital a imagem objetivada e os ajudará a seguir na direção correta, conforme planejado pelo líder.

Outro exemplo: A visão da ABX é "A ABX deve ser a empresa que mais agrega valor ao cliente". Essa visão é fácil de ser compreendida e diz diretamente o que a ABX deseja alcançar. Em contrapartida, o conteúdo da visão não está claro. Os funcionários da organização bem como os clientes podem ficar em dúvida sobre o significado de "valor". Que valor exatamente os clientes iriam obter?

2 MISSÃO

ALCANÇAR O OBJETIVO DENTRO DO PRAZO ESTIPULADO.

CONCEITO

Objetivos menores antes de alcançar o que foi definido na VISÃO.

MÉTODO

1) É necessário ter uma MISSÃO para tornar a VISÃO em realidade.
2) Para elaborar uma missão completa, é necessário especificar o momento e o objetivo exatos.

   Por exemplo, a missão de um hospital - "Todas as enfermeiras devem conseguir se comunicar em inglês até o final de 2025" - seria um objetivo secundário a ser alcançado em tempo. Enquanto o objetivo principal seria o desejo de o hospital se tornar competitivo internacionalmente (de acordo com sua visão).

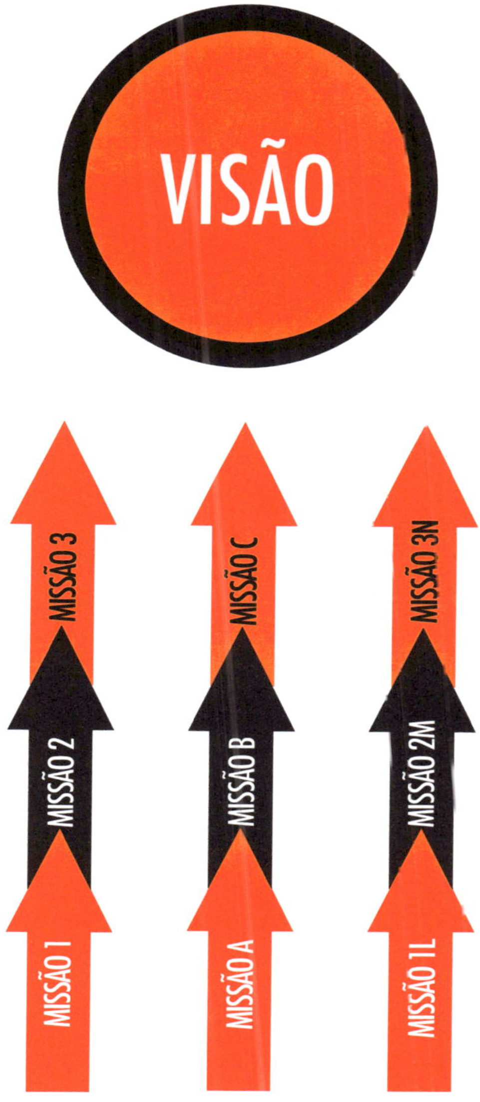

DAMRONG PINKOON

VISÃO

"Ser um produtor de plásticos com padrão internacional."

PONTO 3

MISSÃO 3

Possuir certificação ISO 9000 e ISO 14000 até 2015.

PONTO 2

MISSÃO 2

Formar um sistema de cooperação entre todos os departamentos da empresa até o final de 2014.

PONTO 1

MISSÃO 1

Elaborar por completo os documentos necessários para todos os departamentos antes do final de 2013.

MARCO

MISSÃO

=

MARCO

O CEO

deve saber como estabelecer a organização.

Em primeiro lugar, o CEO precisa ter claramente os **objetivos** da organização e tem de saber qual direção seguir.

Por exemplo, algumas organizações são abertas para transações comerciais, importando alimentos da Índia para vender na Tailândia. Enquanto outras não possuem fins lucrativos, como as de atendimento a vítimas, as de caridade, hospitais que tratam pacientes de hepatite e os que são fundados com o objetivo único de tratar doenças cardíacas.

Quando o objetivo da organização fica claro, todos os seus colaboradores compreendem a direção que devem seguir.

O CEO

deve saber como estabelecer um planejamento.

Para viajar é necessário planejamento.

Para participar de uma disputa é necessário planejamento.

Para liderar é necessário planejamento.

Um bom planejamento

precisa de bons pensamentos desde o início.

O bom pensamento é a melhor prática.

Se o líder possui pensamento estratégico, a organização irá prosperar na direção correta.

3

RECURSO

Toda matéria-prima no planeta é escassa e finita.

CONCEITO

Elementos que as organizações se utilizam para gerar produtos.

MÉTODO

1) HOMEM	Trabalho
2) DINHEIRO	Capital
3) MÁQUINA	Equipamento
4) MATÉRIAS-PRIMAS	Materiais físicos

Esses quatro elementos são os principais recursos e a base de uma empresa de manufatura que o CEO deve considerar antes de efetuar qualquer investimento.

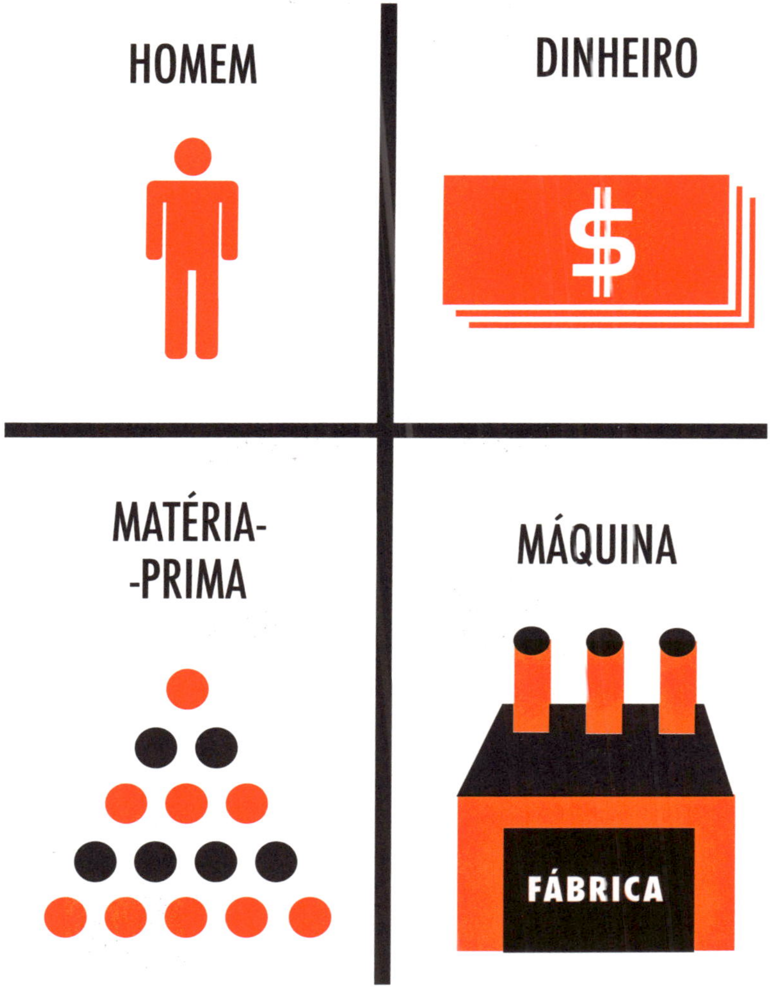
HOMEM
DINHEIRO
$
MATÉRIA-
-PRIMA
MÁQUINA
FÁBRICA

RECURSOS

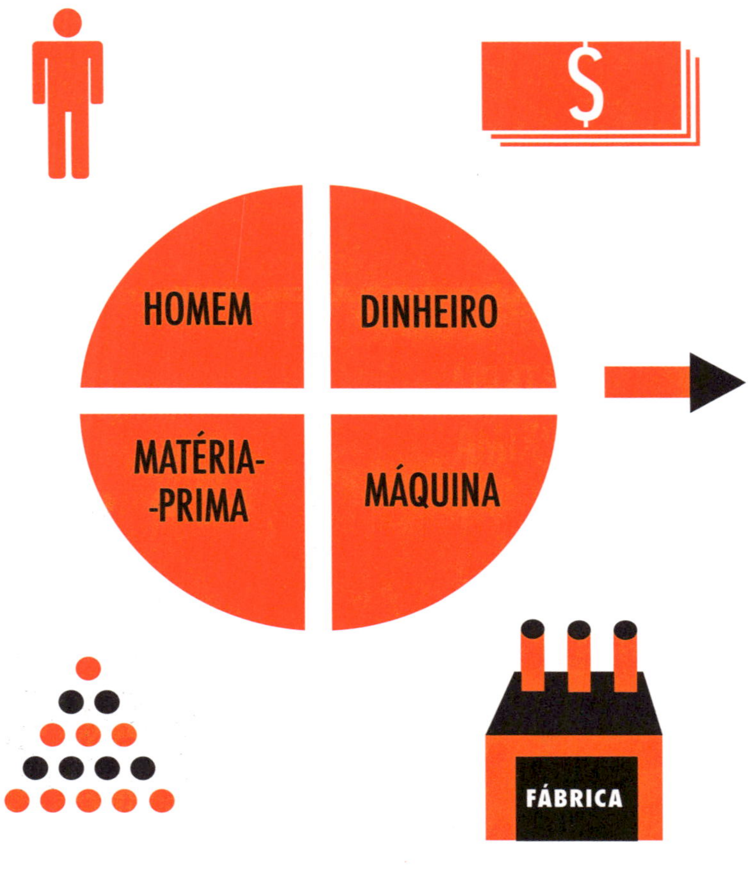

Esses quatro elementos são os recursos necessários para a gestão de uma empresa.

PRODUTO

Bens e produtos finalizados para venda

CEO
Gestão de Recursos Humanos

1. Recursos Humanos

Os CEOs devem ter a capacidade de reconhecer e gerenciar seus colaboradores.

Avaliar o desempenho de uma pessoa é mais difícil do que calcular a eficiência de uma máquina.

É possível saber a capacidade de uma máquina por meio do número de produtos que ela produz: por exemplo, 800 peças por hora é a capacidade de uma máquina. Essa mesma avaliação com seres humanos é bem diferente, dado que pessoas podem fazer mais, como, por exemplo, desenvolver sistemas de computador.

Pessoas possuem criatividade; as máquinas, não.

Pessoas precisam de elogios; as máquinas, não.

Pessoas precisam ser recompensadas pelo esforço despendido; as máquinas, não.

O CEO

precisa saber como fazer com que as pessoas trabalhem para ele.

Alguns trabalham de maneira mais produtiva do que o esperado.

Alguns trabalham de forma menos produtiva do que o esperado.

Alguns são qualificados demais para determinado trabalho.

Alguns possuem menos habilidade do que o esperado.

Atribuir a atividade apropriada para a pessoa adequada é a principal responsabilidade de um CEO.

Não é por conta de um planejamento inadequado que não se alcança o sucesso, mas porque pessoas inadequadas foram alocadas.

CEO
Gestão de Recursos

2) Dinheiro para iniciar o negócio (Capital)

Outra habilidade importante para os CEOs é encontrar o capital para administrar o negócio. Sem dinheiro, não há negócio. Com recursos financeiros é possível contratar pessoas, adquirir maquinário, comprar matéria-prima, além de promover ações de marketing. Esses elementos são os principais componentes para a operação.

3) Material (Matéria-Prima)

A "matéria-prima" é o componente principal para a produção. O "aço" é a matéria-prima na produção de automóveis. A "informação" é a matéria-prima para escrever uma notícia. A "farinha" é a matéria-prima para a panificação. Utilizar-se da matéria-prima de maneira prudente, evitando desperdícios, é o ponto-chave para controlá-la.

CEO
Gestão de Recursos

4) Máquinas como um recurso

Algumas máquinas podem fabricar muitos produtos; outras não. Algumas máquinas são adquiridas devido à sua alta eficiência, portanto é necessário usufruir delas o máximo possível.

Quando uma máquina é utilizada, é preciso garantir que isso esteja sendo feito em sua máxima capacidade.

A palavra "máquina" pode incluir a que produz garrafas de água, a que corta papel e até os computadores dos escritórios.

Algumas pessoas possuem condições de adquirir o melhor e mais caro computador com o processador mais veloz, mas mal sabem utilizá-lo. E como usam menos do que valeria a pena, significa que foi investido mais do que era necessário.

4 CICLO DE VIDA DE NEGÓCIOS

Nascimento + Crescimento + Desenvolvimento + Envelhecimento e Morte

CONCEITO

Introdução → Crescimento → Maturidade → Declínio

MÉTODO

1) O período de introdução é aquele em que a empresa está iniciando suas atividades e novos produtos estão sendo lançados. A quantidade de clientes e o volume de negócios são baixos.
2) O período de crescimento é aquele quando a marca é reconhecida. O volume de negócios e os lucros estão aumentando.
3) O período de maturidade é aquele quando os negócios se mantêm e não há expansão. Porém, é neste período que a fatia de mercado e os lucros mais aumentam. No entanto, essa fatia logo irá diminuir.
4) O período de declínio é aquele em que os negócios começam a diminuir. Os CEOs precisam mudar essa situação lançando novos produtos ou substituindo negócios atuais por algo novo. Outra forma de abandonar o negócio é quando seu volume está em seu nível mais baixo.

1 INTRODUÇÃO	2 CRESCIMENTO	3 MATURIDADE	4 DECLÍNIO
Uma empresa nova é como uma criança que precisa aprender a andar antes de começar a correr. No início, as expectativas são muito altas.	A empresa começa a ser reconhecida e os produtos podem ser comercializados. Ao mesmo tempo em que surgem concorrentes no mercado e oferecem preços mais baixos ao cliente.	A empresa está em seu momento mais próspero e é hora de obter os lucros. Algumas empresas levam mais tempo para alcançar este estágio.	A empresa atingiu seu ponto de saturação. Algumas delas precisam encontrar novos produtos para substituir os antigos ou mudar a área de atuação.

5 MONOPÓLIO

APENAS UM VENDEDOR NO MERCADO.

CONCEITO

Apenas um fornecedor no mercado, de modo que outros não obtenham qualquer fatia e o mercado é dominado apenas por ele.

MÉTODO

1) Apenas um grande produtor.
2) Poder para controlar completamente o preço de mercado (baixo ou alto). Ou o preço será controlado pelo governo.
3) O produto não pode ser reproduzido por ser uma concessão do governo ou por possuir uma tecnologia muito sofisticada.
4) Para se tornar o controlador de mercado, a maior parte dos monopólios será controlada pelo governo como, por exemplo, a geração de energia, o abastecimento de água e as frequências de rádio, de satélite e de telecomunicações.

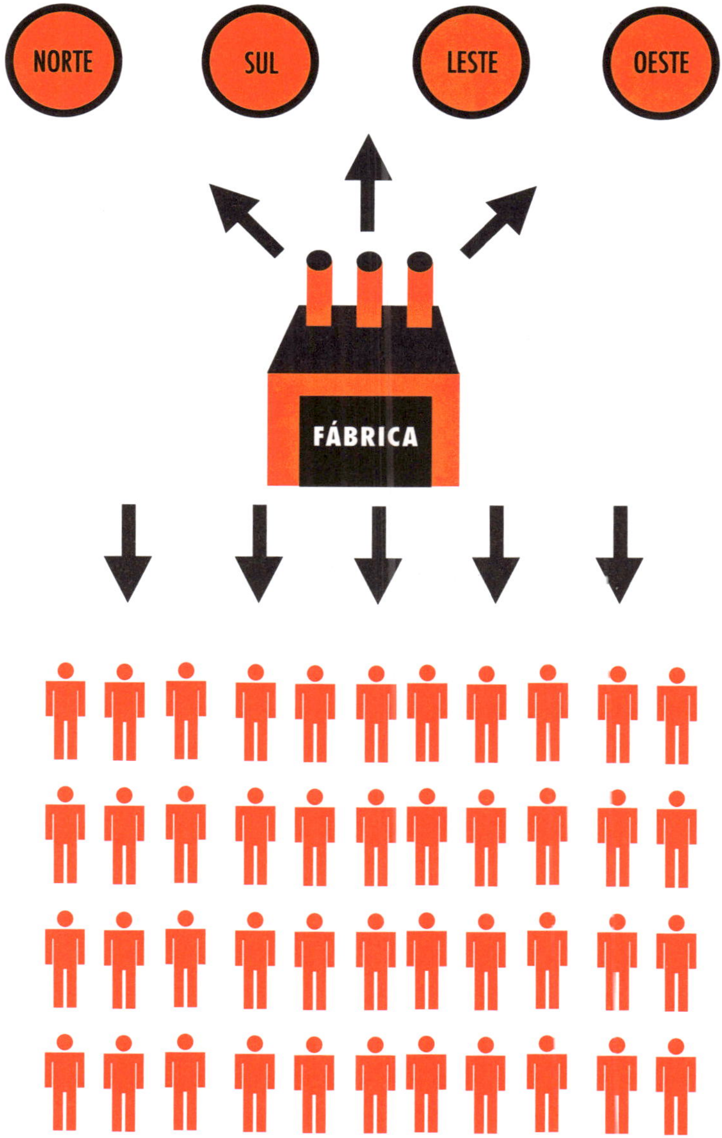
NORTE
SUL
LESTE
OESTE
FÁBRICA

MONOPÓLIO

Um vendedor

Produtor único que fornece para todos os mercados

TODOS OS SEGMENTOS TODOS OS CLIENTES DO MERCADO

POUCOS FORNECEDORES NO MERCADO.

6 OLIGOPÓLIO

CONCEITO

Apenas alguns fornecedores para todo o país.

MÉTODO

1) A concessão é controlada pelo governo.
2) Utilizando-se de recursos financeiros, novos investidores são mantidos fora do mercado.
3) Utilizando-se tecnologia de ponta, novos produtores são impedidos.
4) Ao se controlarem os canais de distribuição, novos fornecedores são bloqueados.
5) Novos fornecedores são impedidos com a capacidade de produzir produtos.

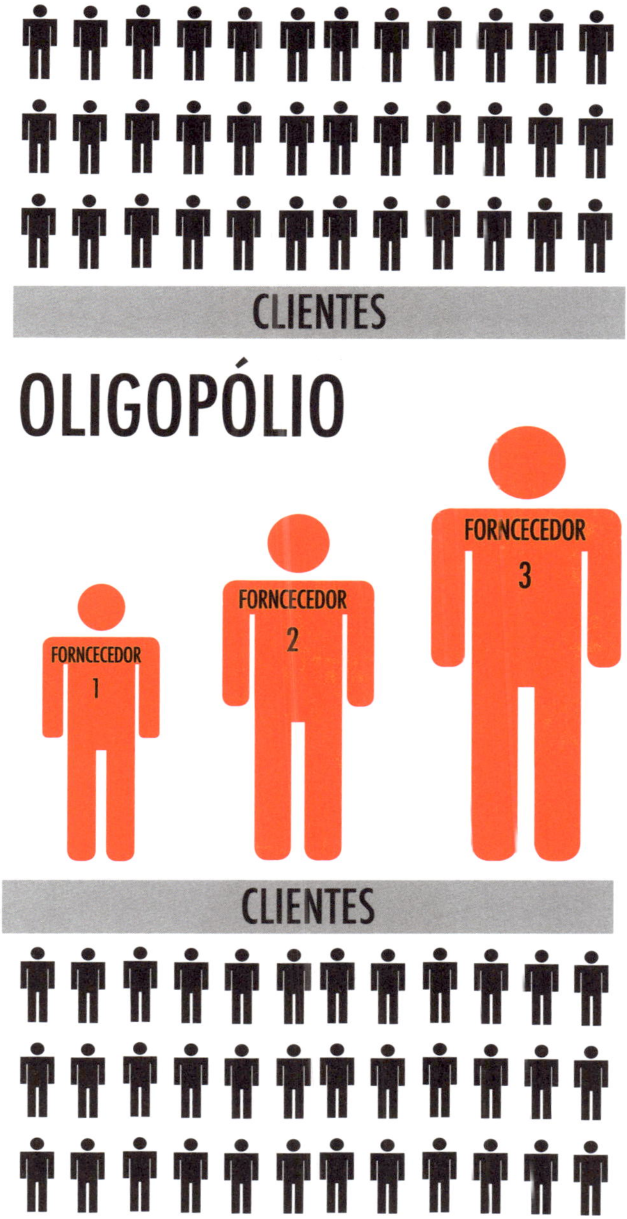
CLIENTES
OLIGOPÓLIO
FORNCECEDOR
1
FORNCECEDOR
2
FORNCECEDOR
3
CLIENTES

OLIGOPÓLIO

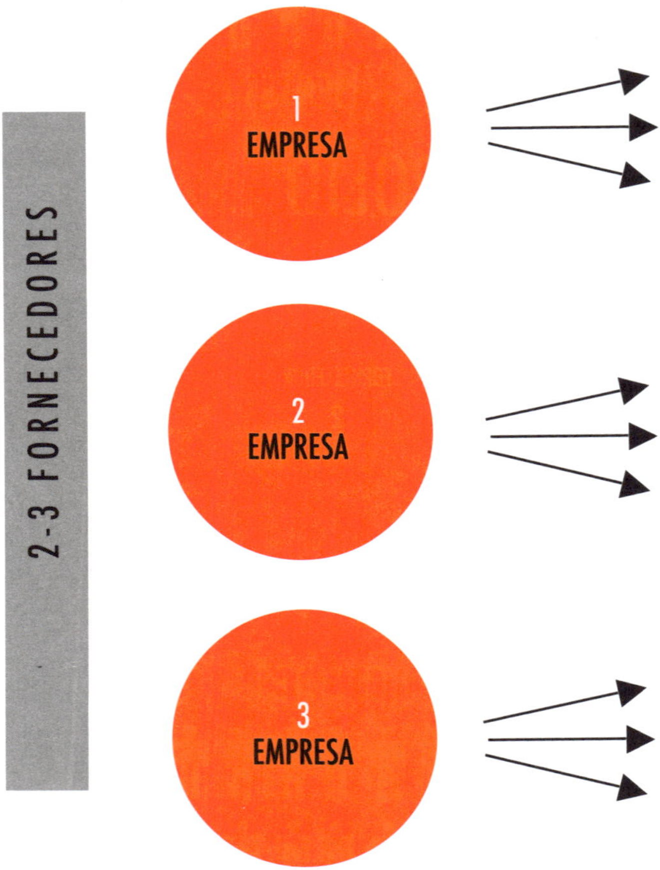

UM NÚMERO PEQUENO DE VENDEDORES QUE FORNECE PARA TODO O MERCADO.

TODOS OS SEGMENTOS TODOS OS CLIENTES DO MERCADO

7 CONCORRENCIA PERFEITA

REAL

CONCEITO

Um grande número de produtores que pode entrar e sair do mercado livremente.

QUE SE TORNA

Mercado perfeitamente competitivo;
Um número de compradores e vendedores;

Utilizando ChinaTown como exemplo, dado que normalmente nela existem diferentes tipos de restaurantes: um vendedor oferece sopa de macarrão por $2, enquanto outro vendedor oferece por $3,50. Próximo a eles há uma peixaria que vende o prato de comida por $5. Outro vendedor localizado fora da loja de conveniência vende outro tipo de sopa por $10 o prato. No entanto, um vendedor de sopa de barbatana de tubarão oferece um prato por $25. Isso é a concorrência correta, em que o mais inteligente vence enquanto os outros perdem.

CLIENTES
1
2
3
4
5
FORNECEDORES FORNECEDORES FORNECEDORES FORNECEDORES FORNECEDORES
CONCORRÊNCIA PERFEITA
DIVERSOS FORNECEDORES
A
B
C
D
E
F
FORNECEDORES FORNECEDORES FORNECEDORES FORNECEDORES FORNECEDORES FORNECEDORES
CLIENTES

Concorrência Perfeita

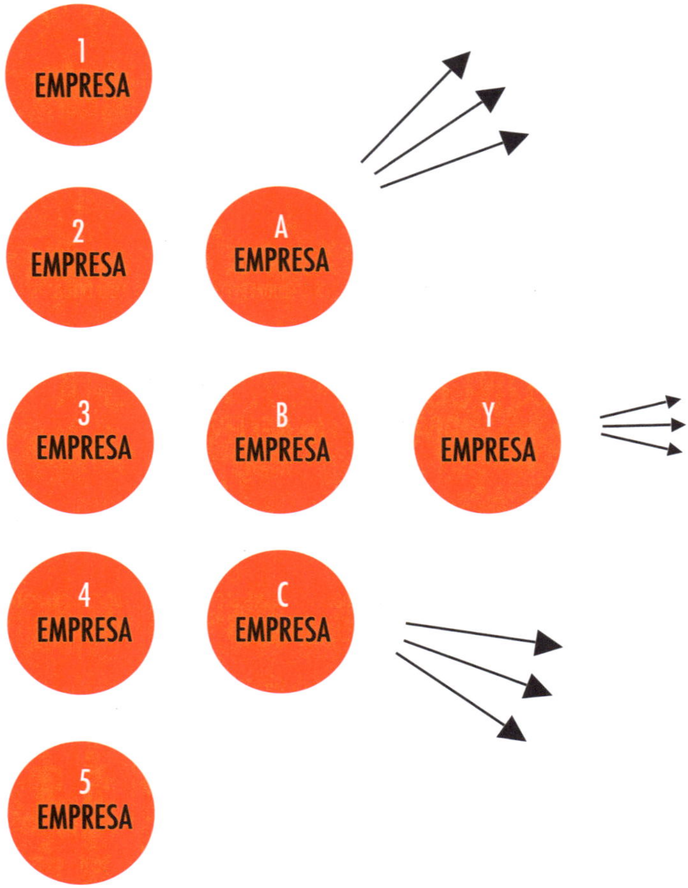

Mercado competitivo: muitos vendedores para o mercado todo.

TODOS OS CLIENTES DO MERCADO

Muitos clientes

O CEO

deve conhecer o nível da concorrência.

Por exemplo, uma organização monopolística (apenas um fornecedor no mercado) conhece o nível da concorrência porque está sob controle governamental, sob concessão e sob controle de investimento.

Apenas um vendedor no mercado

Na maior parte das vezes não há qualquer concorrência porque o governo é o proprietário, como no fornecimento de eletricidade e água. O fornecedor único pode controlar os preços porque não há concorrência.

O CEO

precisa saber a **quantidade de concorrentes.** Por exemplo, uma organização **oligopolística** (apenas alguns fornecedores no mercado) sabe o número de concorrentes porque tem controle governamental, de concessão e de investimento, alto nível tecnológico, além de experiência e competências específicas.

Apenas alguns fornecedores no mercado

A Intel, fabricante de microprocessadores, utiliza-se de alta tecnologia para produzi-los. Além disso, a Intel desenvolve continuamente suas tecnologias para que outros fabricantes não tenham condições de competir com ela. Sem mencionar que atualmente há poucos fabricantes de microprocessadores no mercado.

O CEO

precisa conhecer **a concorrência.**

Empresas em concorrência perfeita, ou seja, com diversos vendedores, criam a concorrência em todo o mundo. Ela faz com que as empresas produzam os melhores produtos que são capazes a todo o momento.

Produtos bons

são venda garantida.

Produtos ruins

desaparecem rapidamente.

CEO

Em um mercado em concorrência perfeita,

todos devem manter um ritmo de desenvolvimento contínuo.

Qualquer empresa pode fabricar

produtos de qualidade,

portanto o marketing é que será determinante do sucesso.

Sempre que houver o envolvimento do marketing, o CEO deve ter conhecimento mais aprofundado dos seguintes itens:

1. Maneiras de conduzir o marketing;

2. Maneiras de efetuar marketing;

3. Contratação de especialistas em marketing para o trabalho.

8 PROJEÇÃO FINANCEIRA

Planejamento Bom + Planejamento Excelente + Planejamento Fraco

CONCEITO

Plano B financeiro em casos de emergência.

DETALHE

1) Iniciar com o planejamento normal: planejamento financeiro normal com orçamento financeiro normal.
2) Plano B otimista para ocasiões em que os produtos são vendidos em quantidade duas a três vezes maiores. Reflita sobre a produção, produtos a serem entregues e quanto de lucro será possível obter.
3) Planejamento inverso (pessimista) para situações em que não há venda dos produtos ou quando a venda de produtos está abaixo do normal: procurar uma solução e definir quanto ainda é possível perder.

OTIMISMO

PLANEJAMENTO EXCELENTE +++

OTIMISMO

NORMAL

PLANEJAMENTO BOM +

FINANCEIRO NORMAL

PESSIMISMO

PLANEJAMENTO FRACO –

PESSIMISMO

PROJEÇÃO FINANCEIRA	OTIMISMO
1) Vendas	200.000.000
2) Custo de produtos	-120.000.000
3) Despesas de escritório	-6.000.000
4) Despesas de marketig	-10.000.000
5) Outras despesas (15%) (custo variável)	-30.000.000
	————
6) Lucro / Prejuízo	+34.000.000
	================

NORMAL +	PESSIMISMO –
100.000.000	50.000.000
60.000.000	-30.000.000
-6.000.000	-6.000.000
10.000.000	-10.000.000
-15.000.000	-7.500.000
________	________
LUCRO +9.000.000	PREJUÍZO -3.500.000
===============	=============

O CEO

precisa conhecer o **"planejamento financeiro".**

1. Planejamento normal

Planejamento financeiro para uma situação normal significa algo **bom.**

Se o objetivo é fazer negócios, é necessário pensar em "obter lucro".

Se a expectativa é de "perda", o negócio não deve ser realizado, ou seja, é melhor não arriscar.

Para efetuar um planejamento financeiro normal, é preciso simular situações da vida real.

Certifique-se de que todos os itens, como vendas, custos de produtos e todas as despesas, estejam o mais próximo possível de uma situação real, pois é um negócio verdadeiro, e se perdê-lo, o fracasso será inevitável.

O CEO

deve saber como estabelecer um planejamento.

2. PLANEJAMENTO OTIMISTA

O planejamento otimista é necessário para apoiar momentos em que a venda dos produtos está melhor do que o esperado.

3. PLANEJAMENTO PESSIMISTA

O planejamento pessimista é necessário para apoiar momentos em que a venda dos produtos está abaixo do que o esperado. As chances de uma empresa prosperar quando segue um planejamento é igual às chances de quando não possui um. A maior parte das pessoas se esquece de preparar um plano de emergência, portanto, quando enfrenta problemas, não sabe o que fazer.

9 PRODUTIVIDADE

Produção em máxima capacidade de maquinário e recursos.

CONCEITO

Utiliza-se o máximo dos recursos para produzir em capacidade máxima.

MÉTODO

O objetivo ao fabricar um produto é fazer com que isso valha o investimento.

Quando as empresas investem uma grande quantia em equipamentos, elas querem que esses equipamentos gerem bons produtos.

A má produtividade é como se um artilheiro jogasse em posições defensivas e o goleiro tentasse fazer gols. Essa forma de utilização de recursos não vale o investimento e não trará um resultado favorável.

FÁBRICA

FÁBRICA A

PRODUZ APENAS 8.000 TONELADAS

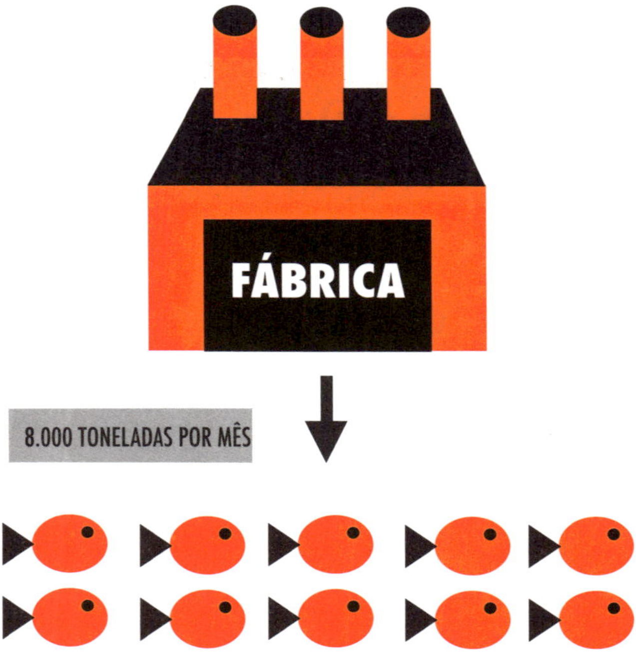

Porque a utilização do maquinário é diferente, a Fábrica A gera menos produtos, mesmo que fábrica + maquinário + capacidade produtiva + número de funcionários sejam iguais.
Portanto, a Fábrica A deve aumentar suas vendas para alcançar sua capacidade produtiva.

FÁBRICA B

PRODUZ 20.000 TONELADAS

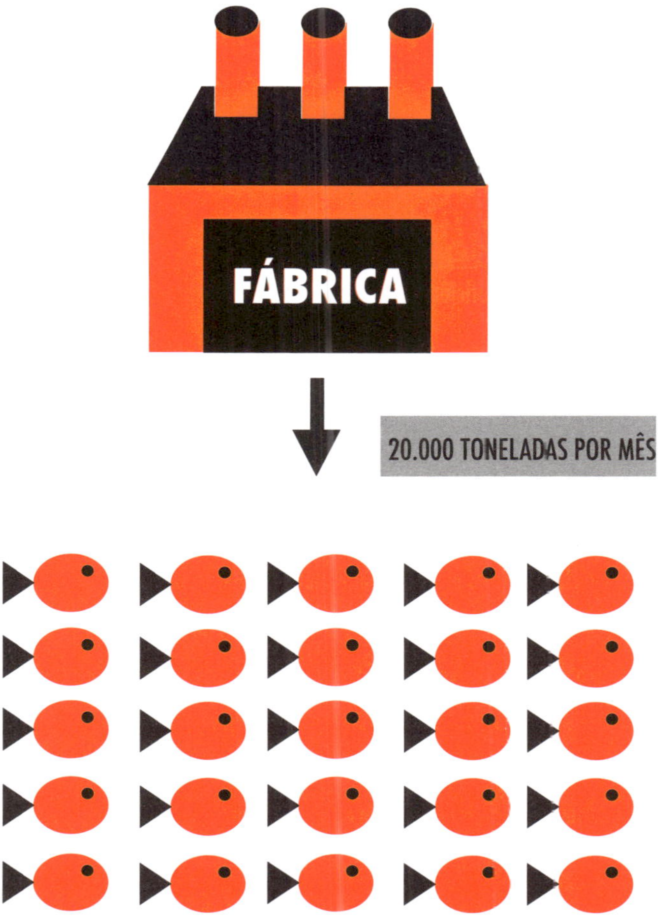

10 LINHA DE MONTAGEM

Compor posto de trabalho.

CONCEITO

Melhorar a eficiência da produção.

MÉTODO

Frederick Winslow Taylor, o pai da Administração Científica, estabeleceu o planejamento produtivo posicionando os funcionários de modo que desenvolvessem uma única atividade em seu próprio posto de trabalho. Por exemplo, a responsabilidade da equipe de seleção de laranjas é apenas selecionar as frutas no tamanho correto; e a da equipe de higienização, apenas efetuar a lavagem das laranjas. Da mesma forma, os colaboradores do departamento de embalagem e empacotamento fariam apenas essa atividade. Quando as pessoas efetuam as mesmas atividades todos os dias, tornam-se "especialistas". Além do mais, a quantidade produtiva aumenta automaticamente. Atualmente, esse planejamento produtivo é adotado na maior parte das fábricas, não apenas na indústria automobilística, mas também na de peixe enlatados.

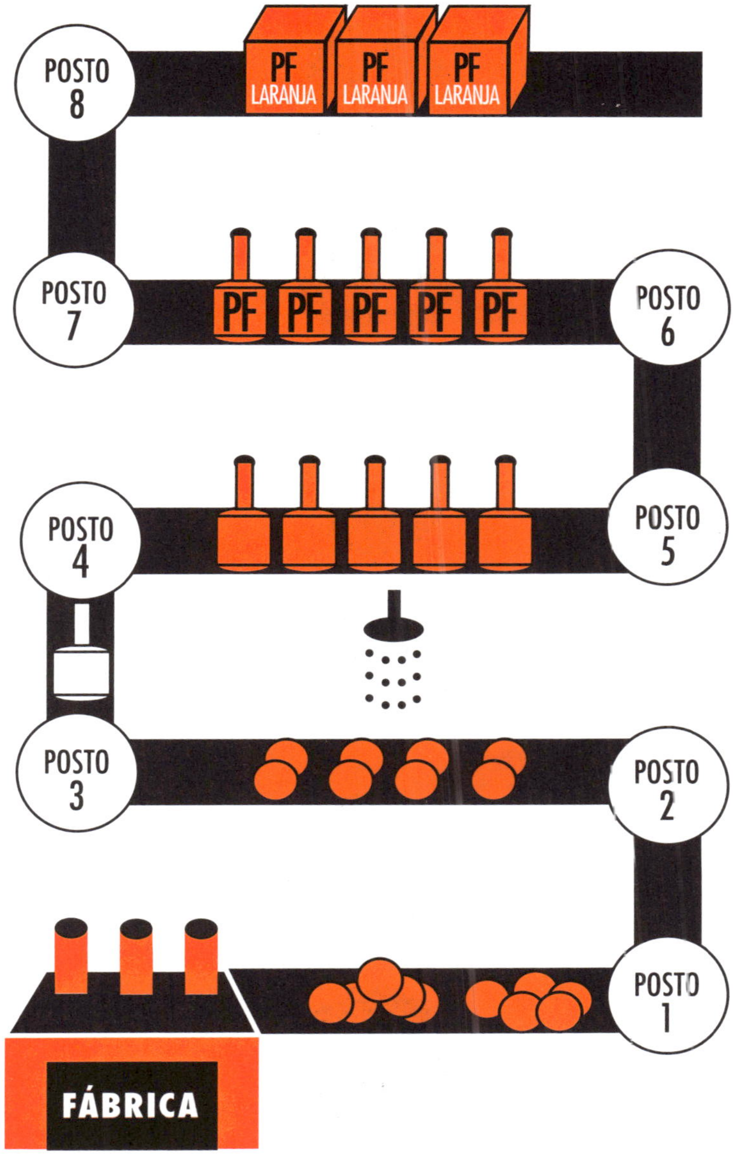
POSTO
8
PF
LARANJA
PF
LARANJA
PF
LARANJA
POSTO
7
PF
PF
PF
PF
PF
POSTO
6
POSTO
4
POSTO
5
POSTO
3
POSTO
2
POSTO
1
FÁBRICA

POSTO 1 — 1 minutos

\+

POSTO 2 — 2 minutos

\+

POSTO 3 — 3 minutos

\+

POSTO 4 — 4 minutos

\+

POSTO 5 — 5 minutos

\+

POSTO 6 — 6 minutos

= 12 MINUTOS

LINHA DE MONTAGEM

Antes da moderna linha de montagem ter sido aperfeiçoada, cada funcionário em todas as fábricas tinha de ser capaz de realizar todas as atividades do início ao fim. Funcionários de confecções de roupas, por exemplo, tinham de desenhar o modelo, cortar o tecido e efetuar a costura, incluindo os botões e as etiquetas da marca.

Nas fábricas modernas, existem muitos produtos aguardando para serem produzidos, de modo que é designada apenas uma atividade para cada colaborador.

Por exemplo,

Funcionário no Posto 1: Corte

Funcionário no Posto 2: Costura da manga

Funcionário no Posto 3: Costura do corpo

Funcionário no Posto 4: Costura dos bolsos e das demais partes

Funcionário no Posto 5: Colocação de botões

Funcionário no Posto 6: Etiquetação

Funcionário no próximo Posto: Empacotamento e preparação para entrega dos produtos

Esse modo produtivo leva menos tempo para ser concluído.

11 CENTRALIZAÇÃO

Uma única pessoa comandando toda a organização.

CONCEITO

Centralização da autoridade de forma que o controle venha de uma só pessoa.

MÉTODO

Existem diversas maneiras de administração dos subordinados, sendo a centralização a mais comum delas. Num sistema centralizado, os CEOs ou donos de empresas são os líderes e o centro da autoridade.

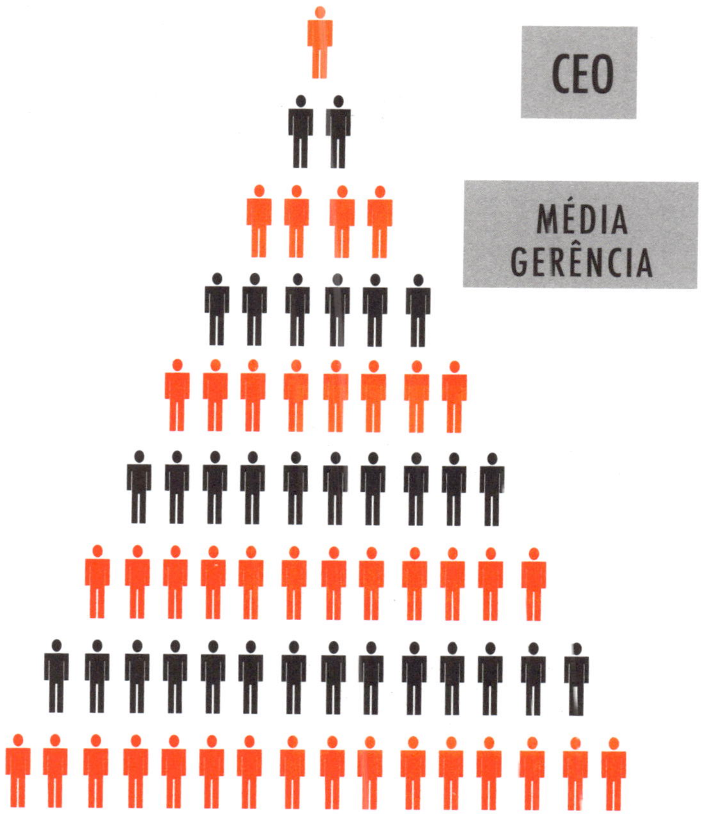

POSICIONAMENTO POR NÍVEIS NUMA EMPRESA

A vantagem da centralização é obviamente o sistema operacional. A desvantagem da centralização é a lentidão do processo operacional, dado que há muitos processos que devem aguardar a decisão da alçada superior. Quanto maior a organização, mais lento é o processo.

12 DESCENTRALIZAÇÃO

Delegação a diversos gerentes.

CONCEITO

Compartilhamento de autoridade com cada líder em todos os departamentos (departamentos autônomos).

MÉTODO

Em um sistema descentralizado, é necessário que haja confiança no representante que tomará as decisões. Por exemplo, uma grande organização se utiliza do modelo descentralizado para que possa agilizar as etapas.

A vantagem da descentralização é que tudo pode avançar rapidamente e os subordinados se sentem parte da operação.

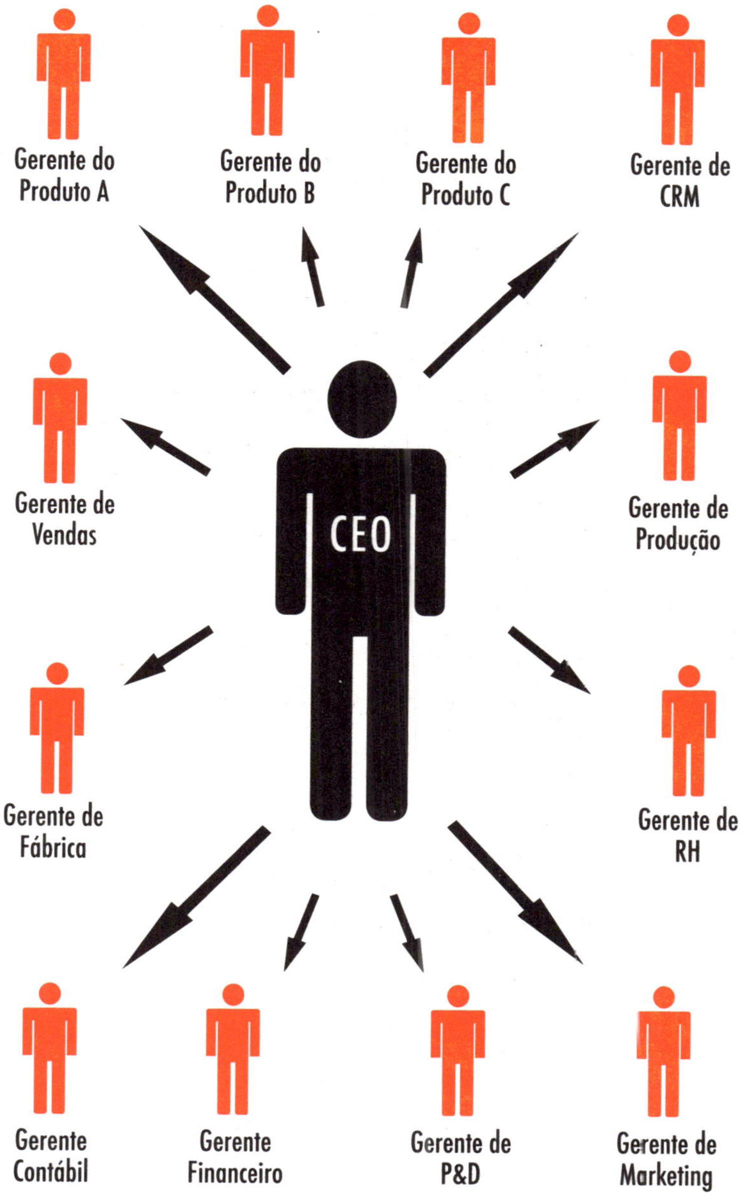
Gerente do Produto A
Gerente do Produto B
Gerente do Produto C
Gerente de CRM
Gerente de Vendas
CEO
Gerente de Produção
Gerente de Fábrica
Gerente de RH
Gerente Contábil
Gerente Financeiro
Gerente de P&D
Gerente de Marketing

O CEO

deve conhecer o "Sistema de Administração".

O sistema centralizado é mais adotado por empresas de pequeno porte em que o proprietário toma todas as decisões.

Organizações bem-sucedidas devem seguir

as orientações do presidente e não devem permitir que seus pares tomem decisões independentes.

A centralização

em grandes empresas provoca lentidão, pois cada decisão deve ser aprovada pelo CEO, levando tempo. E antes de qualquer ação, a concorrência já seguiu em frente.

O CEO

deve saber como **administrar** uma organização DESCENTRALIZADA ou uma em que haja delegação de poder.

O CEO irá dividir a autoridade com os gerentes em cada departamento e deixar que tomem suas próprias decisões.

GRANDES ORGANIZAÇÕES sempre adotam o sistema descentralizado. Por exemplo, o vice-presidente do Departamento de Marketing tem de assumir a responsabilidade por todo o sistema de marketing da empresa. Portanto, o vice-presidente dará autoridade aos gerentes departamentais.

ESTRATÉGIA
EMPRESARIAL

ATRATIVIDADE INDUSTRIAL
PLANEJAMENTO EMPRESARIAL
SUCESSO DE MARKETING
LINHA DE PRODUTO
ESTRUTURA ORGANIZACIONAL
ORGANIZAÇÃO MATRICIAL

13 ATRATIVIDADE INDUSTRIAL

Investimento em negócios atrativos.

CONCEITO

Investimento sábio, futuro promissor.

O QUE SER:

Passo 1) "Tio Tartaruga" significa crescimento lento e lucro baixo. Entrando nesse tipo de negócio, o resultado será a perda e a pobreza.

Passo 2) "Jovem Tigre" significa crescimento lento, porém lucro alto. A maioria das pessoas não está interessada em Jovem Tigre, mas sempre que se envolve em tal negócio tem-se lucro alto como retorno.

Passo 3) "Coelhinha" significa crescimento rápido, mas lucro baixo. Muitas pessoas consideram a Coelhinha bonitinha, então ela logo se torna conhecida, porém, sempre que há muitos atuantes, a margem cai.

Passo 4) "Mulher Atraente" significa negócio fascinante: crescimento rápido e lucro alto.

CRESCIMENTO DE NEGÓCIO / MARGEM DE LUCRO	BAIXO	ALTO
LENTO	TIO TARTARUGA	JOVEM TIGRE
RÁPIDO	COELHINHA	MULHER ATRAENTE

ESTÁGIO 1) TIO TARTARUGA = CRESCIMENTO LENTO + LUCRO BAIXO

ESTÁGIO 2) JOVEM TIGRE = CRESCIMENTO LENTO + LUCRO ALTO

ESTÁGIO 3) COELHINHA = CRESCIMENTO RÁPIDO + LUCRO BAIXO

ESTÁGIO 4) MULHER ATRAENTE = CRESCIMENTO RÁPIDO + LUCRO ALTO

14 PLANEJAMENTO EMPRESARIAL

Plano grande + Plano pequeno

CONCEITO

Todo processo deve ter sido previsto.

MÉTODO

1) Separação do planejamento antes da atribuição das atividades.

2) Colaboradores que possuem cargos seniores devem planejar grandes projetos.

3) Colaboradores que possuem cargos de média gerência devem planejar projetos intermediários.

4) Cargos de chefia devem planejar projetos do mesmo nível.

5) O departamento de vendas deve efetuar o planejamento de estratégias de vendas.

6) O departamento de produção deve planejar os sistemas de produção.

7) O departamento de marketing deve planejar os projetos de marketing.

TREINAMENTO DE VENDAS
CONHECIMENTO DE PRODUTO
TÁTICA DE VENDAS
TÁTICA DE VENDAS
TÁTICA
ESTRATÉGIA
POLÍTICA
LOGÍSTICA
LOGÍSTICA
P&D
PLANEJAMENTO DE PROCESSOS
PLANEJAMENTO EMPRESARIAL

NEGÓCIOS

ESTRATÉGIA

EFETUA ESTRATÉGIA EMPRESARIAL	O presidente, CEO ou diretor é quem toma as decisões estratégicas para determinar o direcionamento para o crescimento da empresa. Por exemplo, para efetuar a expansão de integração (buscar mais itens para comercializar para que se torne mais efetiva) ou a expansão de diversificação (iniciar fazendo novos produtos).
ESTRATÉGIA DE NEGÓCIOS	O vice-presidente, o COO (diretor de operações), o CIO (diretor de tecnologia da informação) ou o CMO (diretor de marketing) escolhe estratégias competitivas, tais como estratégia de liderança de baixo custo ou estratégia de diferenciação.
ESTRATÉGIA OPERACIONAL	Gerentes de todos os níveis controlam estratégias técnicas para operações reais. Por exemplo, a estratégia de produção é controlada pelo gerente de fábrica, gerente de produção, de marketing ou de recursos humanos.

NEGÓCIOS BANCÁRIOS

BANCO

ESTRATÉGIA EMPRESARIAL	O presidente do banco tem a política de aumentar os resultados. Portanto, o banco tem de incluir mais serviços como os seguros.

ESTRATÉGIA DE NEGÓCIOS	O vice-presidente de Seguro de Vida lança uma nova política para clientes idosos na qual podem aderir a uma apólice sem que tenham de apresentar uma avaliação médica.	O vice-presidente de Seguro Residencial lança uma nova apólice que dê cobertura para acidentes com inundações.	O vice-presidente de Seguros de Acidentes Pessoais lança uma nova apólice chamada "Seguro de Acidentes Plus 2".

ESTRATÉGIA OPERACIONAL	O gerente de vendas, juntamente ao de marketing, elabora uma estratégia dividindo os clientes em dois grupos.
	Os gerentes financeiro e de recursos humanos lançam uma promoção para comemoração de aniversário e de Ano-Novo.

NEGÓCIO DO TRANSPORTE AÉREO

COMPANHIA AÉREA

ESTRATÉGIA EMPRESARIAL	O comitê executivo tem como política ser a melhor companhia aérea na Ásia.		
ESTRATÉGIA DE NEGÓCIOS	O vice-presidente do departamento técnico inclui mais uma rota de Singapura a Londres.	O vice-presidente do departamento produtivo possui uma política para aumentar o número de aeronaves Airbus A-380.	O vice-presidente do departamento de serviços possui uma política para melhorar os serviços prestados pela companhia aérea.
ESTRATÉGIA OPERACIONAL	O gerente de produto efetua a manutenção das aeronaves para que estejam em boas condições.		

EMPRESA DE BEBIDAS

BEBIDAS

ESTRATÉGIA EMPRESARIAL	O presidente da empresa possui uma política para expandir os negócios de bebidas no setor imobiliário.		
ESTRATÉGIA DE NEGÓCIOS	O vice-presidente de desenvolvimento de negócios inicia um novo projeto para aumentar os lucros.	O vice-presidente de gestão de patrimônios compra uma loja de departamentos.	O vice-presidente de gestão hoteleira adquire vários hotéis cinco estrelas.
ESTRATÉGIA OPERACIONAL	O gerente da loja de departamento possui a estratégia de estimular os clientes a virem à loja para que lucre com o aluguel de espaços.		
	O gerente do hotel tem de tomar conta dos hóspedes e aumentar os lucros promovendo seminários no hotel.		

15 SUCESSO DE MARKETING

Avaliar as habilidades de marketing com relação aos concorrentes.

CONCEITO

Analisar a linha de produto com as demandas do mercado para verificação da qualidade.

MÉTODO

1) Se o desejo é avaliar a realidade, não se deve tomar partido: é preciso ser objetivo.
2) Analisar criteriosamente os produtos efetuando pesquisa junto ao cliente. A pesquisa não deve incluir funcionários da própria empresa ou conhecidos do dono, caso contrário, os resultados podem ser tendenciosos.
3) As perguntas da pesquisa devem focar no efeito provocado pelo marketing da empresa nos clientes. As ações de marketing têm influência na decisão dos clientes sobre a compra ou não dos produtos?
4) Uma vez que se tem o conhecimento da qualidade dos produtos e da estratégia de marketing, é necessário buscar a melhoria dos produtos.

TEORIA DE SUCESSO DE MARKETING DE DAMRONG

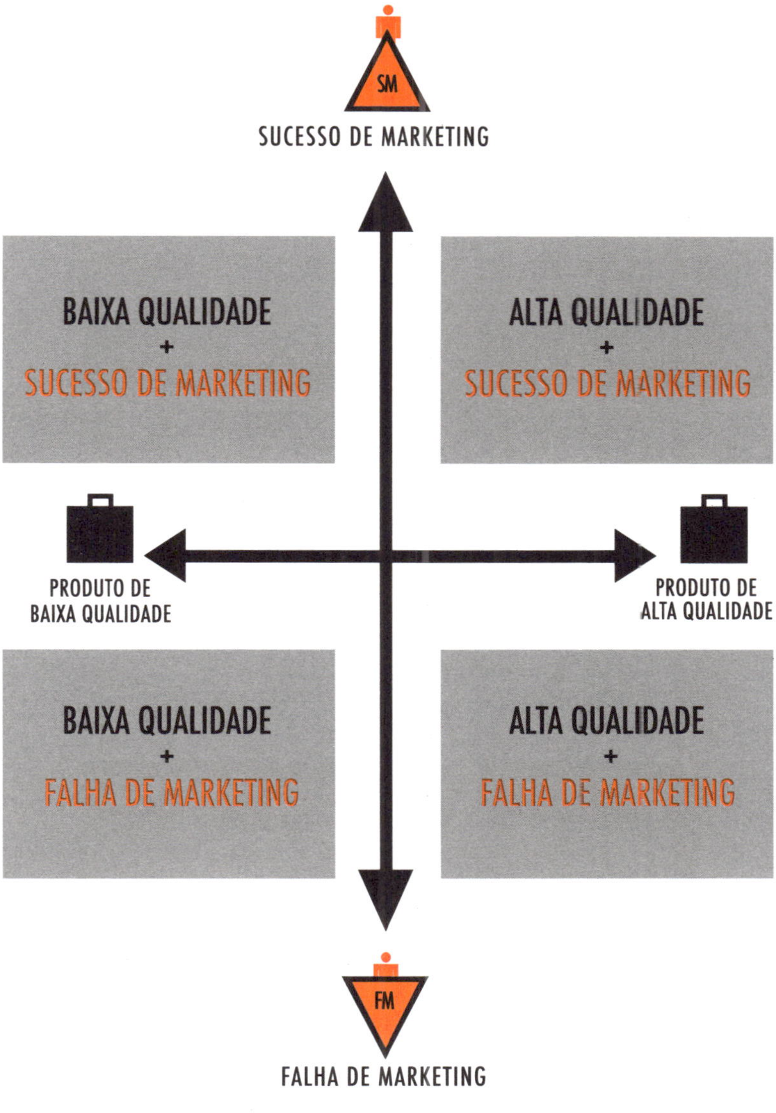

SM
SUCESSO DE MARKETING
A
B
BAIXA QUALIDADE
+
SUCESSO DE MARKETING
MELHORAR PRODUTO
ALTA QUALIDADE
+
SUCESSO DE MARKETING
VALOR DA MARCA
PB
PRODUTO DE
BAIXA QUALIDADE
HQ
PRODUTO DE
ALTA QUALIDADE
BAIXA QUALIDADE
+
FALHA DE MARKETING
FALHA NOS NEGÓCIOS
ALTA QUALIDADE
+
FALHA DE MARKETING
MELHORAR COMUNICAÇÃO
C
D
FM
FALHA DE MARKETING

A

PRODUTO DE BAIXA QUALIDADE + SUCESSO DE MARKETING

MELHORAR PRODUTO

Quando há sucesso de marketing, porém o produto é de baixa qualidade, o cliente irá comprá-lo apenas uma vez. Ele não ficará satisfeito com o produto e não comprará novamente. Nesse caso, o produto não criará no cliente a Fidelidade à Marca.

B

PRODUTO DE ALTA QUALIDADE + SUCESSO DE MARKETING

VALOR DA MARCA

Um produto de qualidade acompanhado de um sucesso de marketing tornará a empresa bem-sucedida e os lucros aumentarão continuamente.

C

Produtos de baixa qualidade associados ao marketing fraco trarão problemas à empresa e o risco de fechamento. Se não houver o rápido lançamento de um novo produto para substituí-lo, é possível que a empresa também perca clientes antigos.

PRODUTO DE BAIXA QUALIDADE + FALHA DE MARKETING

FALHA NOS NEGÓCIOS

D

Muitos produtos desaparecem do mercado principalmente por que não há ou há pouca comunicação com o cliente. As pessoas precisam reconhecer o valor e a qualidade de um produto, pois sem isso ele não continuará existindo no mercado.

PRODUTO DE ALTA QUALIDADE + FALHA DE MARKETING

MELHORAR COMUNICAÇÃO

O CEO

deve ter conhecimento sobre

PRODUTOS + MARKETING.

Antigamente, as vendas de produtos

de qualidade eram sempre boas,

mesmo em mercados concorrentes.

Antigamente, produtos de má

qualidade certamente não vendiam.

O CEO

deve ter conhecimento sobre

PRODUTOS + MARKETING.

ATUALMENTE,

num mercado concorrido, a venda de bons produtos pode não ser boa porque os clientes não sabem quão bons eles são ou não tomaram conhecimento de sua existência devido a falhas de marketing.

ATUALMENTE,

num mercado concorrido, a venda de produtos ruins pode ser muito boa porque os clientes reconheceram que o produto ou o marketing fez um bom trabalho de comunicação.

16 LINHA DE PRODUTO

PRODUZIR MAIS PRODUTOS.

CONCEITO

Conseguir diversos pontos de vendas, tendo mais canais de distribuição.

MÉTODO

1) É possível incluir novos produtos à linha de montagem sem a necessidade de mais investimentos financeiros.
2) Quando a base de produto é expandida, os clientes não vão enjoar dos produtos e dificilmente mudarão de marca.

LINHA DE PRODUTOS

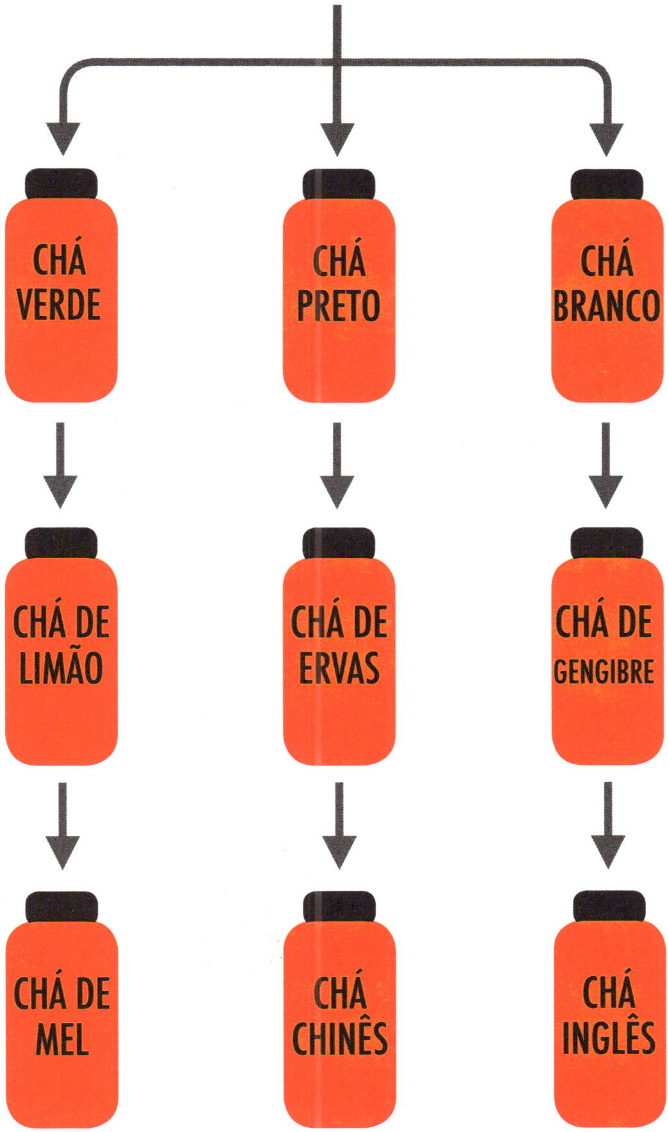

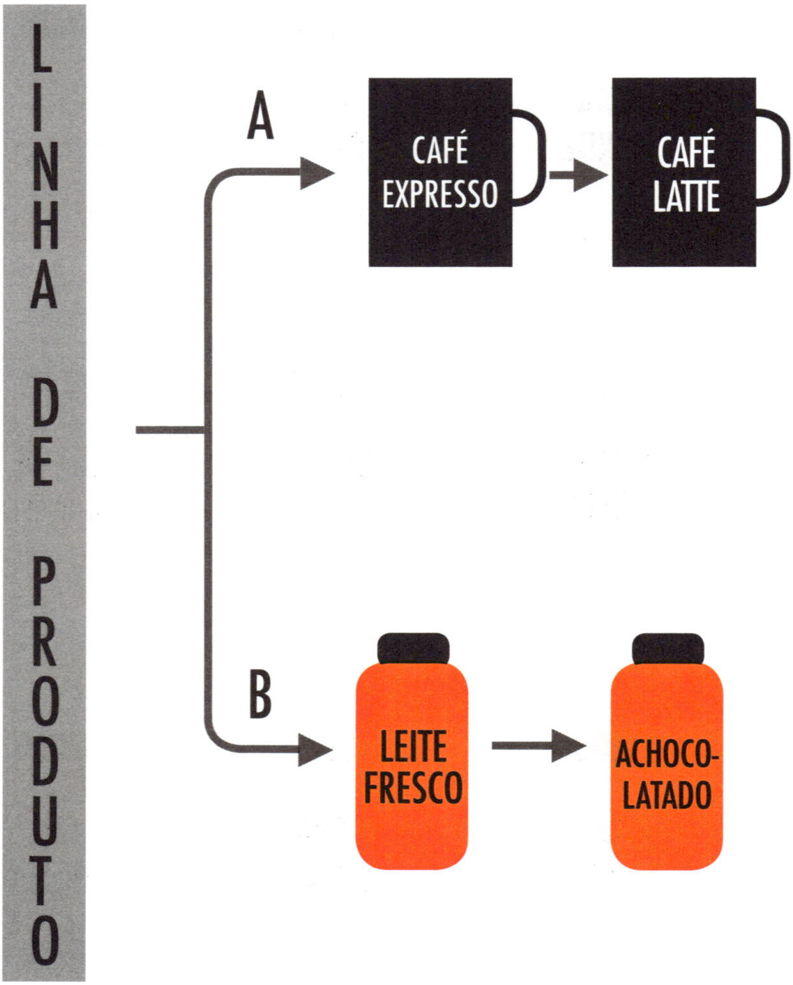
LINHA DE PRODUTO
A
CAFÉ EXPRESSO
CAFÉ LATTE
B
LEITE FRESCO
ACHOCO-LATADO

PRODUTO COM CAFÉ

PRODUTOS DE LEITE

O CEO

DEVE SABER COMO CRIAR NOVOS PRODUTOS PARA SUA LINHA.

Usando o mesmo maquinário e os mesmo funcionários, é possível criar novos produtos para a linha de xampus.

Por exemplo,

1) Incluindo mais produtos como xampu para antivolume dos cabelos, anticaspa, antiquebra.

Quando a marca se torna conhecida, não só o número de clientes aumenta, mas também a quantidade de concorrentes. No entanto, é preciso fazer a diferença para o produto, de modo que ele passe a ser a primeira escolha do cliente.

O CEO

DEVE SABER COMO CRIAR NOVOS PRODUTOS PARA A LINHA DE PRODUTOS E MELHORAR OS PRODUTOS CONTINUAMENTE.

A princípio, havia apenas alguns sabores de macarrão instantâneo: carne de porco, Tom Yam Kung, inhame com coco. Esses três sabores de macarrão instantâneo possuem 85% da fatia de mercado.

No entanto, a empresa deve melhorar seus produtos frequentemente, dado que a qualquer momento um novo sabor pode ser lançado no mercado e aumentar o volume de vendas, retirando parte do mercado dos concorrentes.

Podem ser sabores como frango com curry verde, curry Massaman, pato assado com curry vermelho ou sopa de barbatana de tubarão.

17

ESTRUTURA ORGANIZACIONAL

ADMINISTRAÇÃO DA ORGANIZAÇÃO.

CONCEITO

Ser simples de administrar e dividir o trabalho.

MÉTODO

Vantagem:

1) Uma boa disposição da administração simplifica o gerenciamento do negócio.
2) A divisão das atividades faz com que a equipe se sinta responsável pelo trabalho.
3) Facilidade no controle dos funcionários.
4) Todo departamento pode trabalhar junto para tocar a empresa.

Desvantagem:

1) Muitos processos trazem lentidão à administração.
2) Quando não há a divisão clara das atividades, pode ocorrer o retrabalho.

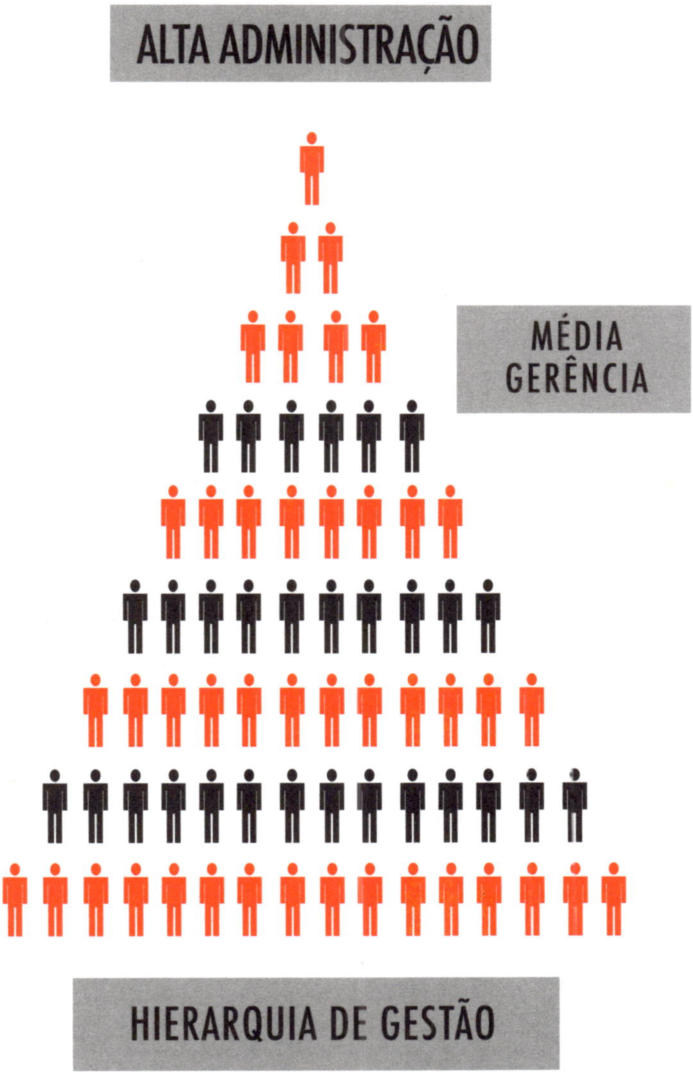
ALTA ADMINISTRAÇÃO
MÉDIA GERÊNCIA
HIERARQUIA DE GESTÃO

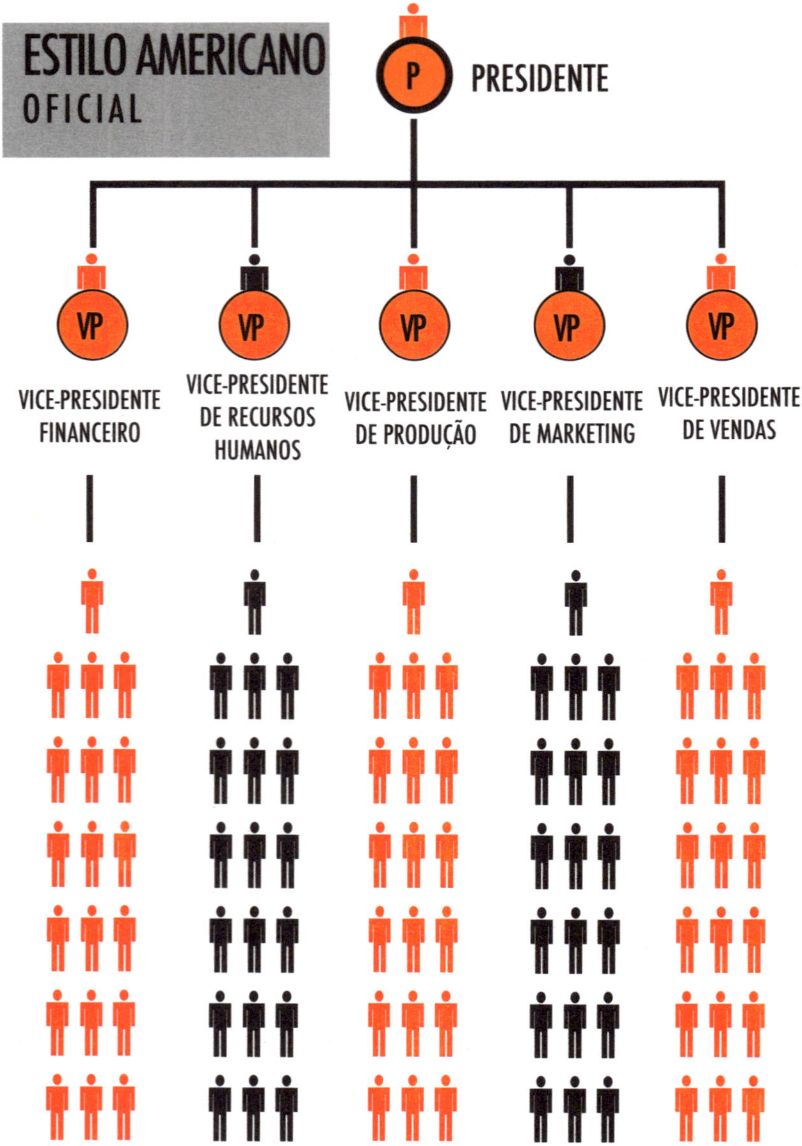
ESTILO AMERICANO
OFICIAL
P
PRESIDENTE
VP
VP
VP
VP
VP
VICE-PRESIDENTE FINANCEIRO
VICE-PRESIDENTE DE RECURSOS HUMANOS
VICE-PRESIDENTE DE PRODUÇÃO
VICE-PRESIDENTE DE MARKETING
VICE-PRESIDENTE DE VENDAS

NOVO ESTILO
AMERICANO

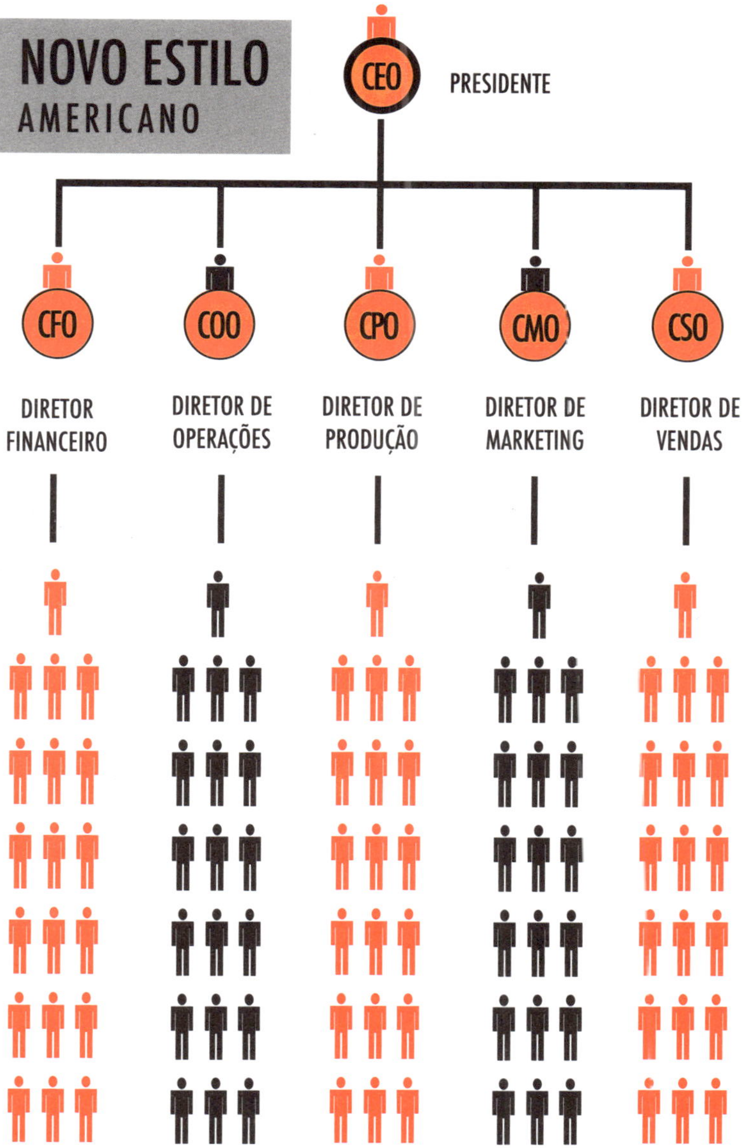

ESTILO INGLÊS

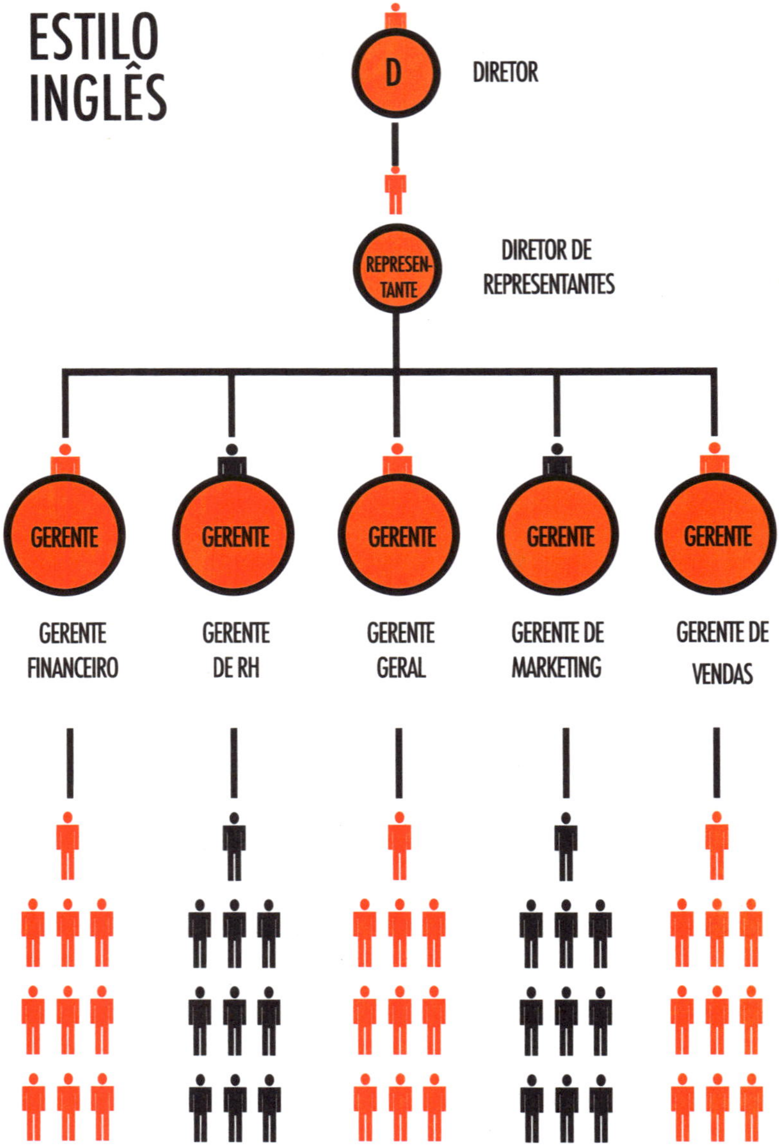

ESTILO JAPONÊS

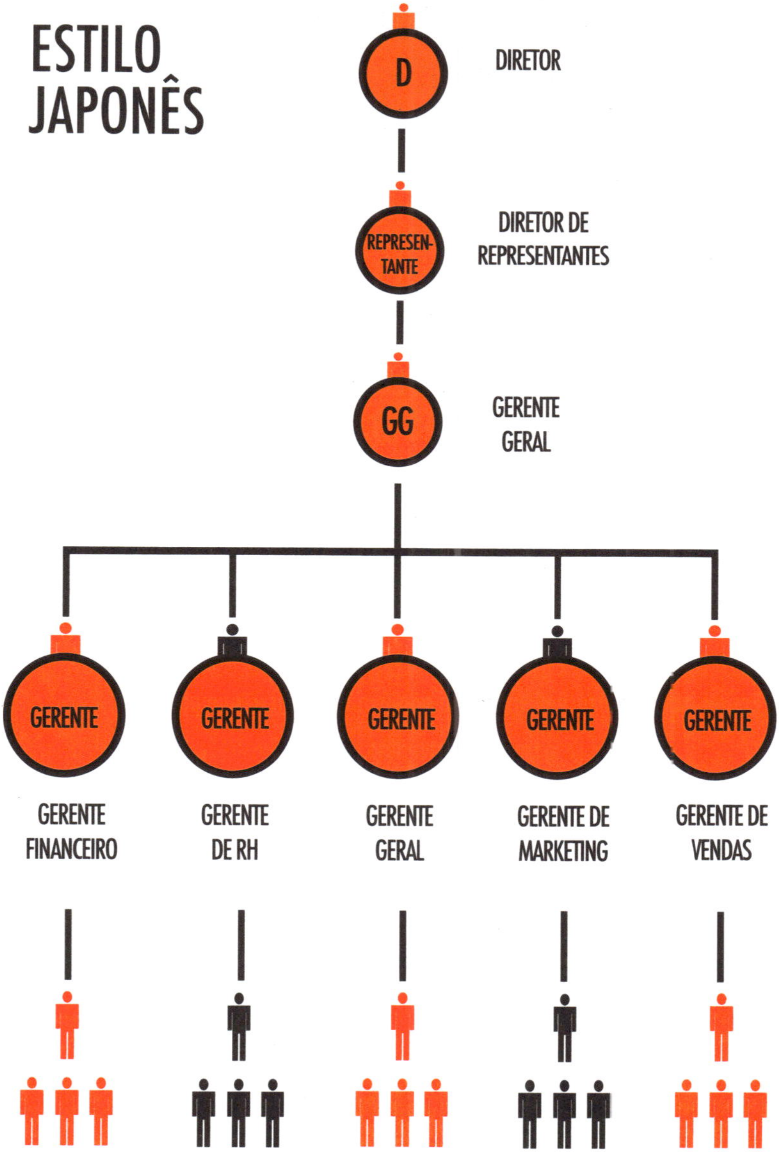

O CEO

deve saber

COMO ADMINISTRAR A ESTRUTURA DA ORGANIZAÇÃO.

Divisão de poderes;

Posição dentro da empresa.

Estrutura Organizacional:

Em muitas organizações, a posição não é muito clara, o que pode gerar mal-entendido.

Ponto Importante:

Pode não ser tão óbvio, mas se houver problemas desde o início a descrição do cargo ficará obscura.

O CEO

DEVE CONHECER OS MÉTODOS ADMINISTRATIVOS:

1) Planejamento
2) Composição da Estrutura Organizacional
3) Administração
4) Controle

Se mesmo líderes considerados brilhantes e de nível mundial de algumas empresas não compreenderem a magnitude do trabalho e não fizerem sua divisão entre os colaboradores, não farão uma boa administração. Quando o planejamento é claro, mas a administração é ruim, as atividades programadas não ficarão óbvias, dificultando o controle e consequentemente gerando resultados fracos.

18 ORGANIZAÇÃO MATRICIAL

RESPONSABILIDADE COMBINADA E DUPLA DAS ATIVIDADES.

CONCEITO

Cooperação nas atividades, utilização máxima da capacidade dos colaboradores.

MÉTODO

1) Todo colaborador pode vender muitos produtos.

2) Todo colaborador pode efetuar diferentes ações de marketing.

3) Realização de marketing uma única vez para muitos produtos.

4) O contato com uma única pessoa faz com que ela entenda melhor.

5) A organização matricial parece complicada, mas ajuda a economizar recursos de contratação de pessoal porque uma única pessoa pode vender e efetuar ações de marketing para muitos produtos.

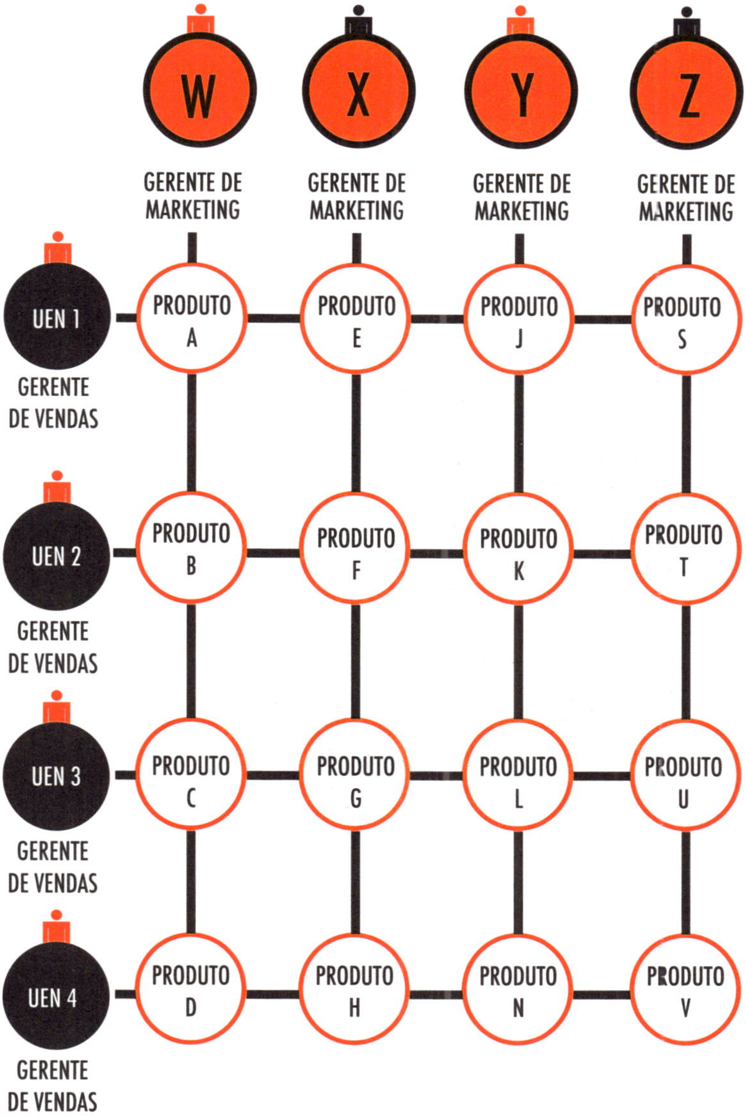
W
X
Y
Z
GERENTE DE MARKETING
GERENTE DE MARKETING
GERENTE DE MARKETING
GERENTE DE MARKETING
UEN 1
GERENTE DE VENDAS
UEN 2
GERENTE DE VENDAS
UEN 3
GERENTE DE VENDAS
UEN 4
GERENTE DE VENDAS
PRODUTO A
PRODUTO E
PRODUTO J
PRODUTO S
PRODUTO B
PRODUTO F
PRODUTO K
PRODUTO T
PRODUTO C
PRODUTO G
PRODUTO L
PRODUTO U
PRODUTO D
PRODUTO H
PRODUTO N
PRODUTO V

ESTRATÉGIA CORPORATIVA

EXPANSÃO DE NEGÓCIOS
INTEGRAÇÃO POSTERIOR
INTEGRAÇÃO ANTERIOR
EXPANSÃO HORIZONTAL
EXPANSÃO VERTICAL
DIVERSIFICAÇÃO CONCÊNTRICA

19 EXPANSÃO DE NEGÓCIOS

EXPANSÃO + CRESCIMENTO + AUMENTO NAS VENDAS

CONCEITO

Expansão dos negócios para aumento do volume de negócios e do lucro.

MÉTODO

Duas formas de expandir os negócios:

A) Integração Anterior (Reduzindo o investimento de capital).

B) Integração Posterior (Expandindo os negócios para aumento de seu volume).

Três formas de diversificar os negócios:

C) Diversificação Horizontal (clientes antigos + novos produtos).

D) Diversificação concêntrica (novos clientes + novos produtos) por meio das Principais Competências.

E) Diversificação Conglomerada (novos clientes + novos produtos) usando investimento de capital.

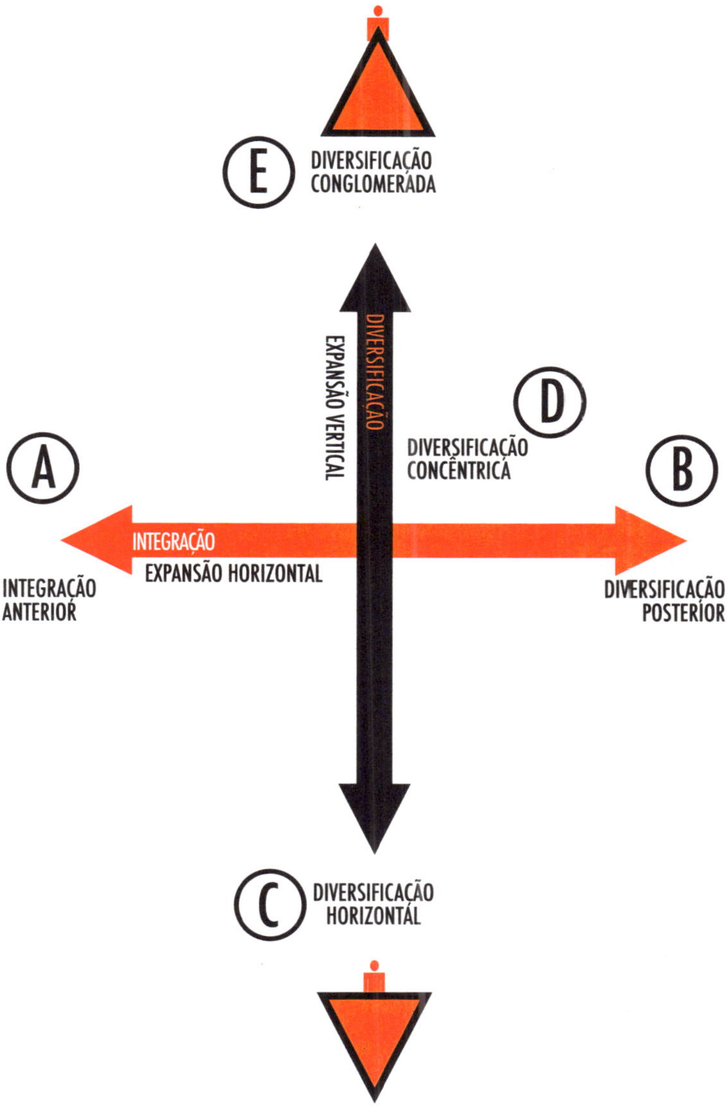
E
DIVERSIFICAÇÃO
CONGLOMERADA
DIVERSIFICAÇÃO
EXPANSÃO VERTICAL
D
DIVERSIFICAÇÃO
CONCÊNTRICA
A
B
INTEGRAÇÃO
EXPANSÃO HORIZONTAL
INTEGRAÇÃO
ANTERIOR
DIVERSIFICAÇÃO
POSTERIOR
C
DIVERSIFICAÇÃO
HORIZONTAL

INTEGRAÇÃO

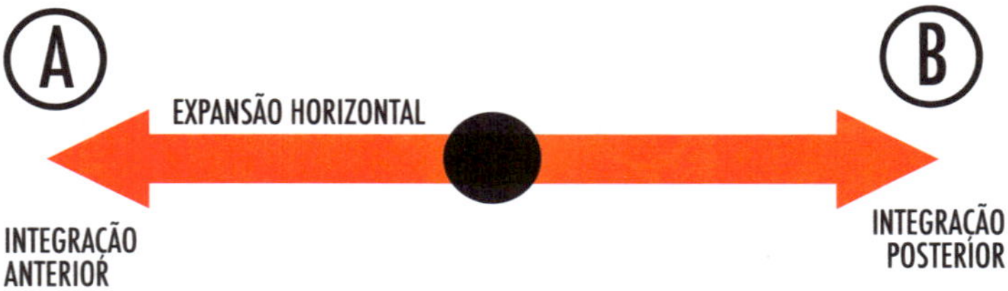

(A)

INTEGRAÇÃO ANTERIOR

Um fabricante de malas e couros precisa diminuir o custo de seus produtos. Portanto, ele constrói seu próprio curtume. Dessa forma, além de diminuir o custo, consegue controlar a qualidade do couro. Ademais, adquire uma fábrica de plástico para produzir peças para as malas.

(B)

INTEGRAÇÃO POSTERIOR

Um fabricante de sons não possui vendedores efetivos que gerem bastante lucro. Além disso, o custo dos produtos e outras despesas são muito altos. Desse modo, o produtor decide iniciar um novo negócio, tornando-se não só fabricante de sons, mas um distribuidor.

DIVERSIFICAÇÃO

D

DIVERSIFICAÇÃO CONCÊNTRICA

Novos clientes + novos produtos (utilizando as Principais Competências)

O download de arquivos de música MP3 pela internet é grátis. Portanto, as gravadoras precisam encontrar novas formas de lucrar com seus produtos. Por exemplo, tornando-se uma escola de canto e dança.

E

DIVERSIFICAÇÃO CONCÊNTRICA

Novos clientes + novos produtos (usando investimento de capital)

O proprietário de um teatro resolve investir no ramo imobiliário. Por exemplo, construindo um condomínio no centro de Bangcoc para obter mais lucros e encontrar novos clientes por meio desse grande investimento.

C

DIVERSIFICAÇÃO HORIZONTAL

Base de clientes antigos + novos produtos

Produtores de televisão ganham dinheiro não só com a audiência, mas com a publicação de revistas sobre as celebridades para atender a antigos clientes – além de buscar novos clientes por intermérdio de programas de rádio e TV a cabo.

20 PLANEJAMENTO EMPRESARIAL

PLANEJAMENTO PRINCIPAL + PLANEJAMENTO SECUNDÁRIO

CONCEITO

Para tocar um negócio, deve ser elaborado um planejamento para cada área e departamento.

MÉTODO

1) O PLANEJAMENTO PRINCIPAL é chamado de planejamento estratégico, que é um processo da organização.
2) Determinar os padrões da organização por meio das políticas e do planejamento estratégico.
3) Preparar um planejamento por áreas secundárias como planejamento de RH, Financeiro e de Marketing.
4) Implantar e colocar os planejamentos em ação após sua elaboração.

PLANEJAMENTO

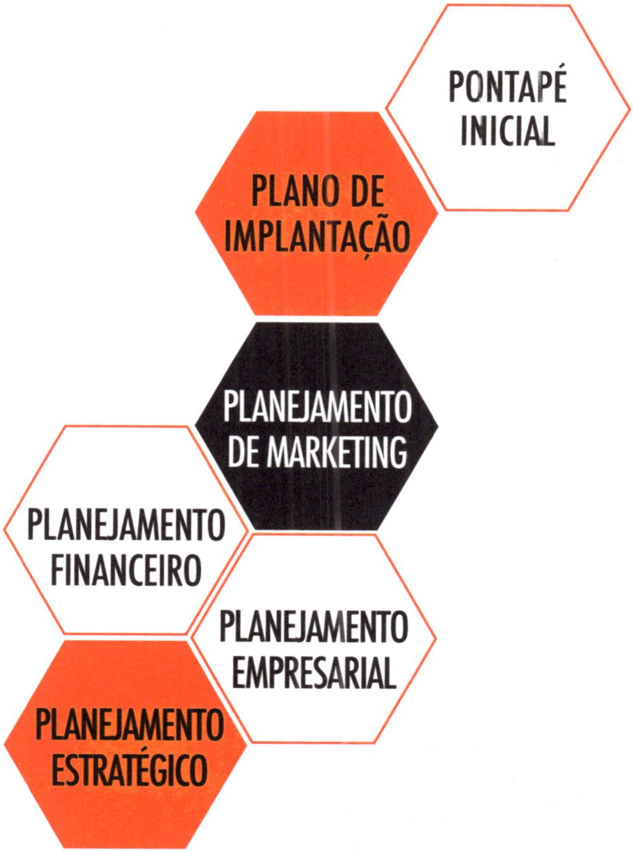

PLANEJAMENTO ESTRATÉGICO
ELABORADO PELA ALTA ADMINISTRAÇÃO

PLANEJAMENTO ESTRATÉGICO

PLANEJAMENTO EMPRESARIAL

PLANEJAMENTO DE UNIDADE DE NEGÓCIOS ←

ALTA ADMINISTRAÇÃO	PLANEJAR A ESTRATÉGIA ORGANIZACIONAL
MÉDIA GERÊNCIA	PREPARAR O PLANEJAMENTO DE NEGÓCIOS
PRIMEIRA GERÊNCIA	PLANEJAR AS ATIVIDADES PRIMÁRIAS

21 TÁTICAS

PLANEJAMENTO SECUNDÁRIO PARA TODOS OS DEPARTAMENTOS.

CONCEITO

Tática para todos os departamentos realizarem o planejamento secundário.

COMO

1) Departamento de Vendas	Tática para aumento do volume de negócios
2) Departamento de Marketing	Tática para geração de imagens
3) Departamento Financeiro	Tática para recebimento do dinheiro
4) Departamento Contábil	Tática para criação de relatórios contábeis
5) Departamento de Recursos Humanos	Tática para desenvolvimento dos colaboradores
6) Departamento de P&D	Tática para desenvolvimento de produtos
7) Departamento Produtivo	Tática para aumento na eficiência da produção
8) Departamento de Logística	Tática para controle de estoque por código de barras

PLANEJAMETO ESTRATÉGICO

TÁTICA

IMPLANTADA POR TODOS NA ORGANIZAÇÃO

PLANEJAMENTO ESTRATÉGICO

PLANEJAMENTO EMPRESARIAL

PLANEJAMENTO DE UNIDADE DE NEGÓCIOS

Todo departamento utiliza sua TÁTICA para alcançar as metas da organização mais rapidamente

ALTA ADMINISTRAÇÃO

MÉDIA GERÊNCIA

PRIMEIRA GERÊNCIA

TODAS AS UNIDADES NA ORGANIZAÇÃO

VENDAS	P&D	FINANCEIRO	LOGÍSTICA	PROMOÇÃO
MARKETING	PRODUÇÃO	CONTABILIDADE	RP	EXPANSÃO

O CEO

deve conhecer o

planejamento estratégico.

O planejamento estratégico leva à direção estratégica.

Quando a organização se encontra estável, ela é especialista em relação ao produto, trabalho em equipe e sabe, melhor que seus concorrentes, qual é a tecnologia mais avançada para se aplicar.

É hora de elaborar um planejamento mais complexo. É o momento do **planejamento estratégico** para diferenciar a organização dos demais concorrentes.

O CEO

deve conhecer o

PLANEJAMENTO ESTRATÉGICO.

Algumas empresas desapareceram porque não adotaram a tática de atender as demandas do cliente.
Então, os clientes rejeitaram seus produtos e elas automaticamente desapareceram.

PRODUTOS TECNOLÓGICOS

Produtos tecnológicos, como computadores e celulares, mudam rapidamente, de modo que as empresas que não continuam desenvolvendo seus produtos, não são mais concorrentes no mercado.

CONCORRÊNCIA

GRUPO INDUSTRIAL
PADRONIZAÇÃO
PRINCIPAIS COMPETÊNCIAS
VANTAGEM COMPETITIVA
ESTRATÉGIA DE BAIXO CUSTO
COMPETÊNCIAS FUTURAS

22 GRUPO INDUSTRIAL

Separar a linha de negócios dependendo do setor.

CONCEITO

Cada setor conecta todo o país.

MÉTODO

1) Todas as empresas possuem seus próprios padrões (modelo de negócios).
2) Se o padrão for dividido em partes, é possível analisá-lo e verificar que ele é único.
3) Por exemplo, materiais, métodos produtivos, formas de escolha do distribuidor, métodos de vendas e marketing: cada parte é única.

GRUPO

SETOR JOALHEIRO
SETOR DE SOFTWARES
SETOR ALIMENTÍCIO
SETOR AUTOMOBILÍSTICO
SETOR DE MÓVEIS
SETOR HOTELEIRO
SETOR DE HARDWARES
SETOR DE BRINQUEDOS
SETOR DE VESTUÁRIO
SETOR FINANCEIRO

23 PADRONIZAÇÃO

Produzir produtos similares com a mesma qualidade.

CONCEITO

Padrão internacional para todas as filiais.

MÉTODO

Diante dos padrões internacionais, a padronização deve ser considerada. Algumas empresas usam padrões internacionais como uma força (ponto forte) ou competência principal. Por exemplo, o McDonald's possui filiais em todo o mundo e fornece alimentos e serviços internacionais. Sabe-se que todos os produtos terão sabor semelhante e não será necessário ficar muito tempo na fila.

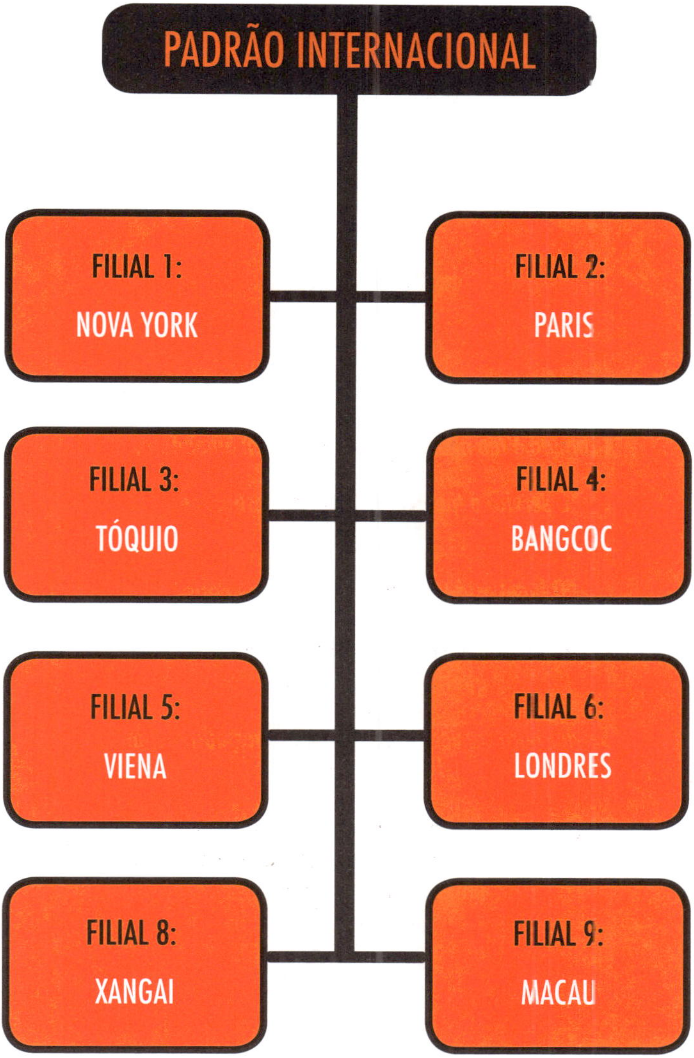
PADRÃO INTERNACIONAL
FILIAL 1:
NOVA YORK
FILIAL 2:
PARIS
FILIAL 3:
TÓQUIO
FILIAL 4:
BANGCOC
FILIAL 5:
VIENA
FILIAL 6:
LONDRES
FILIAL 8:
XANGAI
FILIAL 9:
MACAU

O CEO

deve saber o que é

ALTO PADRÃO.

"A comida é tão boa quanto à servida em Singapura."

"O serviço é tão bom quanto os prestados na Tailândia."

"O hotel está tão limpo quanto os de Paris."

"Mesmo com o passar do tempo, a decoração do quarto está atualizada."

"Se vier para cá, você deve conhecer o restaurante de frutos do mar."

O cliente sempre ficará impressionado, o que demonstra o alto padrão. É necessário manter isso e proporcionar algo mais.

O CEO

deve saber o que é

BAIXO PADRÃO.

"A comida não está tão boa como usual."

"O serviço não está tão bom quanto os prestados na Tailândia."

"O hotel não está tão limpo quanto os de Paris."

"Por que esta sala está tão suja?"

"Se vier para cá, você não deve conhecer o restaurante de frutos do mar."

Sempre que o cliente visita, ele reclama, o que significa baixo padrão. Você deve melhorar seus negócios imediatamente.

24 PRINCIPAIS COMPETÊNCIAS

BOM DESDE O PRINCÍPIO.

CONCEITO

Usar as forças para vencer a concorrência.

MÉTODO

Algumas empresas melhoram ainda mais suas forças para ganhar da concorrência. Por exemplo, o Departamento de P&D se utiliza de seus pontos fortes como sistema de gestão interna ou sistema de vendas para obter sucesso.

Os restaurantes tailandeses no exterior podem manter a força de sua imagem e culinária tradicional, utilizando ingredientes originais, produtos frescos e métodos culinários autênticos. Se conseguirem manter seu ponto forte, podem usá-lo como argumento de venda.

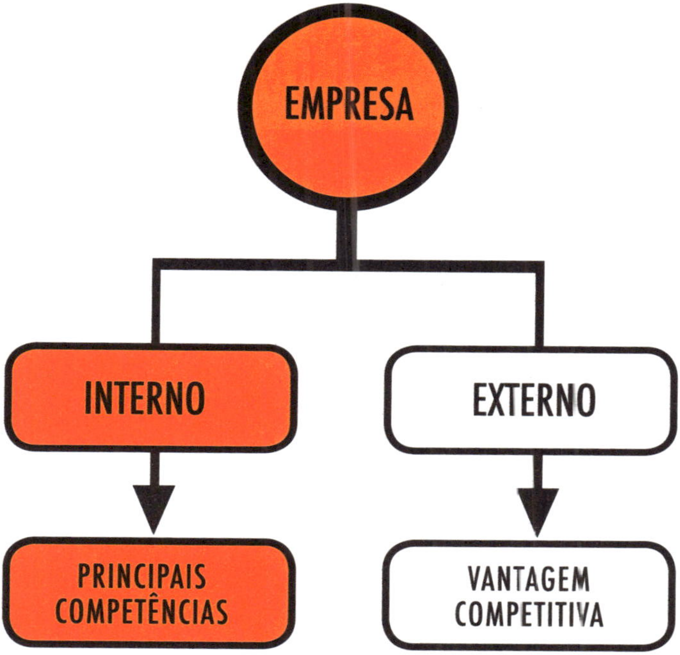

Força que vem de dentro; Alguém que seja muito saudável ou forte, uma organização com cultura.

25 VANTAGEM COMPETITIVA

FORÇA + ARGUMENTO DE VENDA

CONCEITO

Criar novo potencial para efetuar concorrência usando estratégias.

MÉTODO

Também chamada de estratégia publicitária, de marketing, de vendas, de distribuição, de pós-venda e de relacionamento com clientes.

VANTAGEM COMPETITIVA é criar algo novo para vencer a concorrência. Por exemplo, uma promoção de uma revista cujo prêmio é uma viagem para o exterior com celebridades. Com esse tipo de estratégia, é possível ganhar da concorrência, mas apenas por um curto período. Quando os concorrentes se utilizam do mesmo tipo de estratégia, isso se tornará uma "vantagem não competitiva", dado que não haverá diferença.

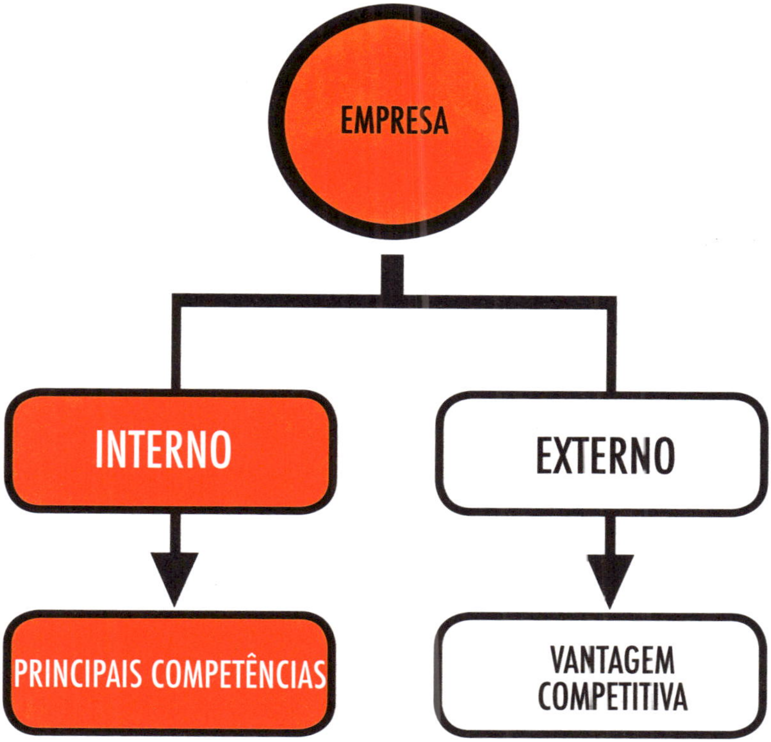

Criação de novo potencial para vencer os maiores e mais avançados concorrentes.

O CEO

deve conhecer suas

PRINCIPAIS COMPETÊNCIAS

(força interna)

Uma organização com uma administração forte possui força interna.

Uma organização com um Departamento de P&D que pode desenvolver produtos de forma excelente possui força interna.

Uma organização com forte sistema de gerenciamento de vendas possui força interna.

Uma organização com excelente sistema de desenvolvimento humano possui força interna.

O CEO

deve conhecer a

VANTAGEM COMPETITIVA.

Argumentos de vendas podem ser definidos. É chamado de argumento de venda recém-criado quando organizações oferecem um serviço melhor do que seus concorrentes.

É chamado de argumento de venda a ser criado quando organizações oferecem um produto melhor do que seus concorrentes.

É chamado de argumento de venda que gera lucro quando organizações possuem marketing melhor do que a concorrência.

É chamado de argumento de venda a ser criado quando organizações oferecem produtos com maior excelência que seus concorrentes.

O CEO

deve conhecer suas

principais competências

(Força Interna)

Toda organização pode construir sua própria força interna tal como um sistema, um produto ou um serviço.

Mais forte = Melhor

O CEO

deve conhecer

a vantagem competitiva.

Pontos competitivos que podem ser vendidos. Quando se tem algo que a concorrência não possui, há uma

vantagem competitiva.

26

ESTRATÉGIA DE BAIXO CUSTO

BAIXO CUSTO DE PRODUÇÃO + BAIXO PREÇO DE VENDA

CONCEITO

Vencer a concorrência com custo de PRODUÇÃO TOTAL MAIS BAIXO.

MÉTODO

1) O custo de produto deve ser mais barato.

2) As despesas de escritório devem ser mais baixas.

3) As despesas de marketing devem ser mais baixas.

4) As despesas de vendas devem ser menores.

5) Todas as despesas devem ser menores.

6) Todos eles juntos podem levar ao preço de venda mais baixo.

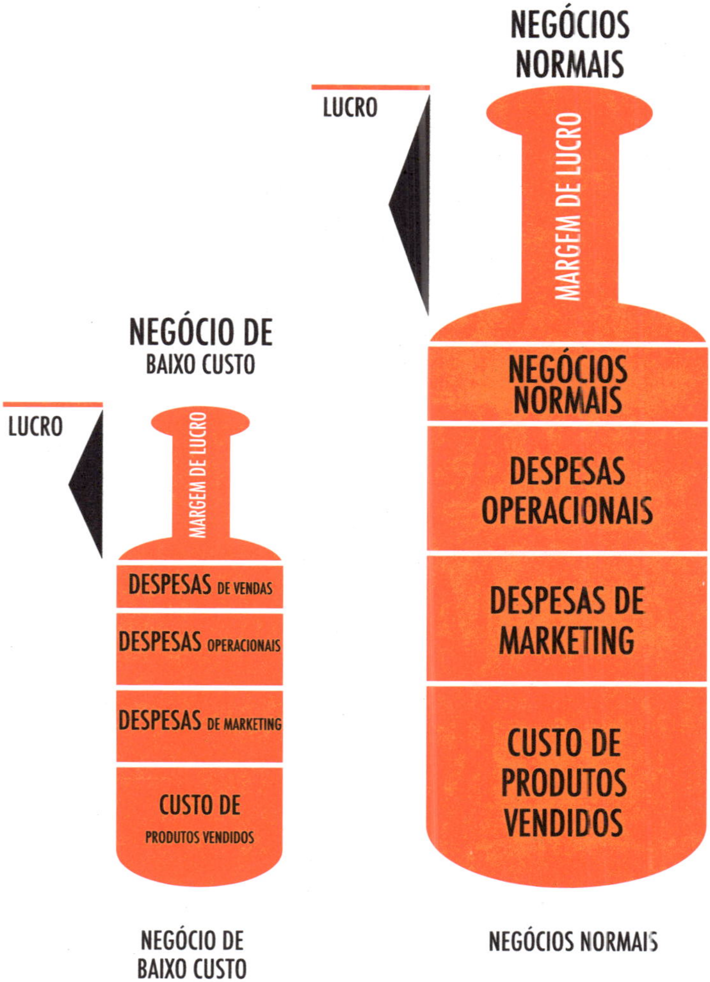
NEGÓCIOS NORMAIS
LUCRO
MARGEM DE LUCRO
NEGÓCIOS NORMAIS
DESPESAS OPERACIONAIS
DESPESAS DE MARKETING
CUSTO DE PRODUTOS VENDIDOS
NEGÓCIO DE BAIXO CUSTO
LUCRO
MARGEM DE LUCRO
DESPESAS DE VENDAS
DESPESAS OPERACIONAIS
DESPESAS DE MARKETING
CUSTO DE PRODUTOS VENDIDOS
NEGÓCIO DE BAIXO CUSTO
NEGÓCIOS NORMAIS

BAIXO
CUSTO,
MAS NÃO
IMAGEM
FRACA.

PREÇO DE VENDA MAIS BAIXO
MESMO LUCRO

PREÇO DE VENDA MAIS ALTO
MESMO LUCRO

27 COMPETÊNCIA FUTURA

Ponto de força futura para efetuar concorrência.

CONCEITO

Desenvolver habilidade para vencer a concorrência no futuro.

MÉTODO

1) Compreender as demandas dos clientes.
2) Identificar as tendências de marketing.
3) Desenvolver habilidade competitiva já existente.
4) Criar novas forças.
5) Desenvolver novas estratégias.
6) Criar novo potencial competitivo.

1
PESQUISAR SOBRE A EXPECTATIVA DO CLIENTE

2
TENDÊNCIA FUTURA

3
HABILIDADE ATUAL

4
CRIAR NOVAS FORÇAS

5
DESENVOLVER NOVAS ESTRATÉGIAS

6
CRIAR HABILIDADE FUTURA

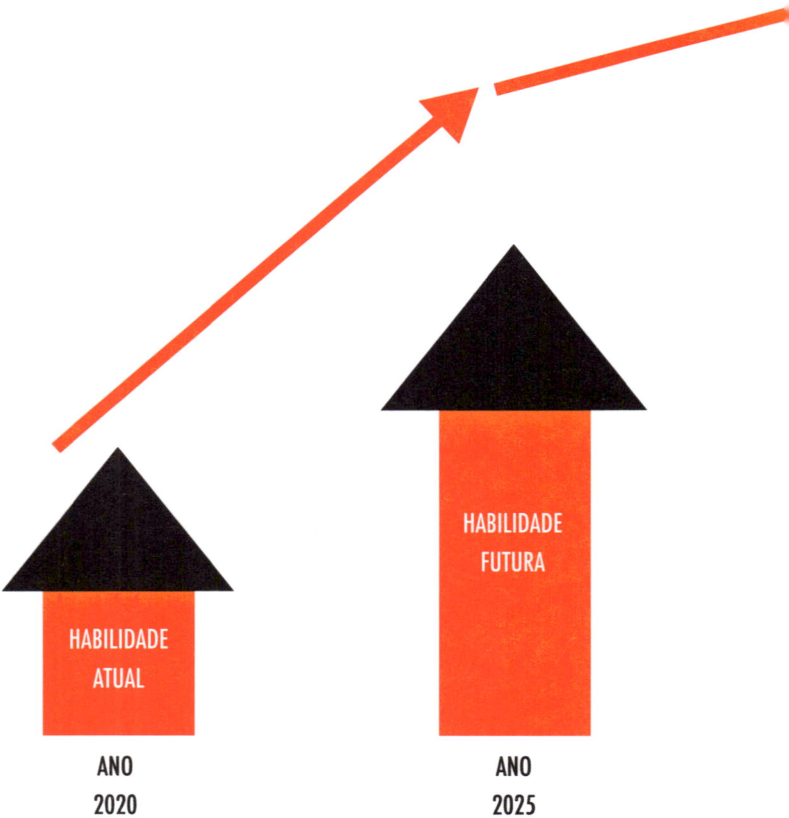
HABILIDADE
ATUAL
HABILIDADE
FUTURA
ANO
2020
ANO
2025

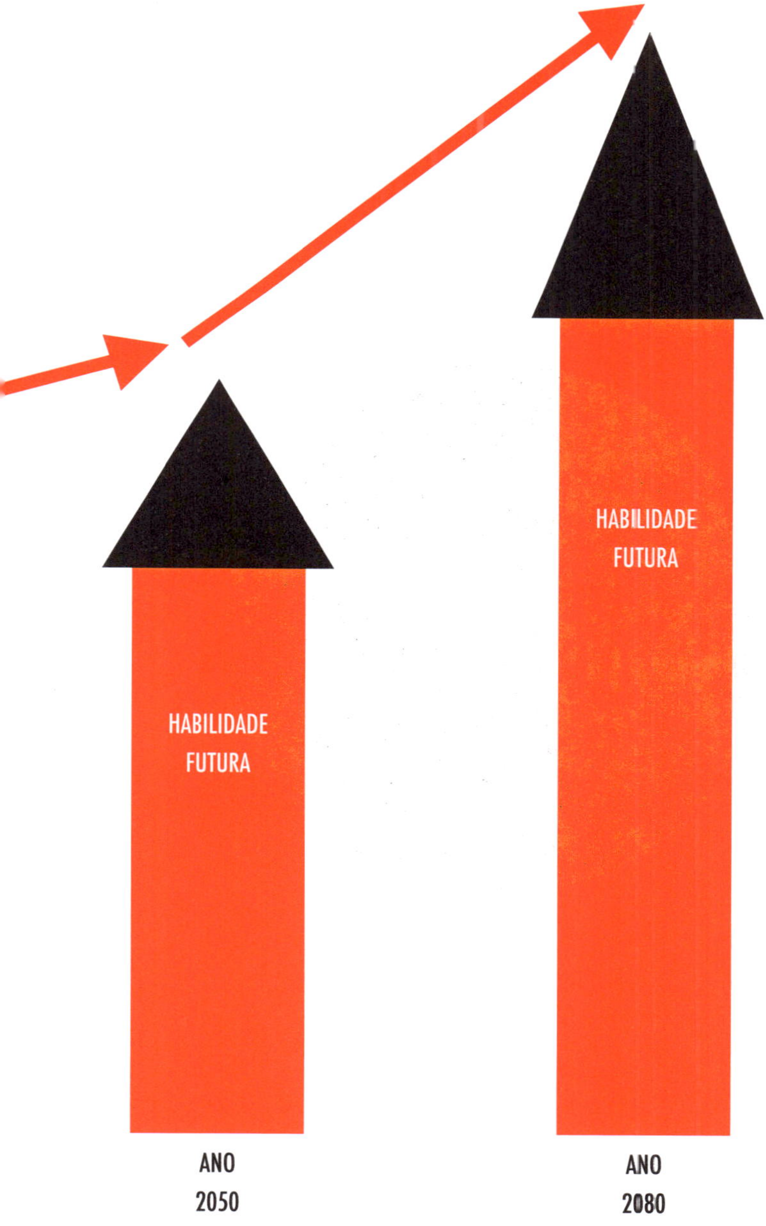
HABILIDADE
FUTURA
HABILIDADE
FUTURA
ANO
2050
ANO
2080

GERAÇÃO
DE VALOR

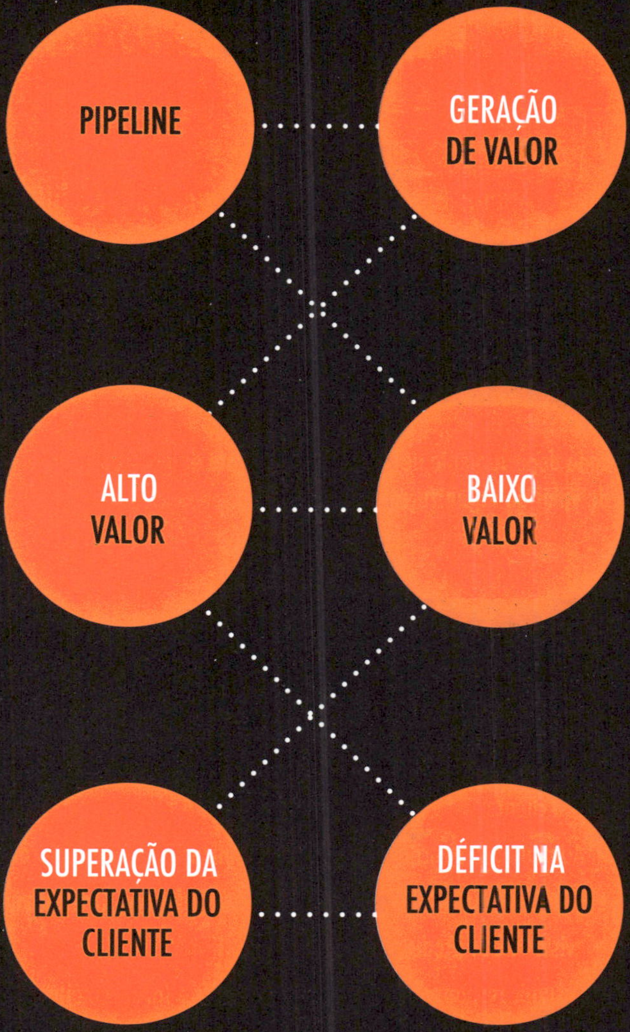
PIPELINE
GERAÇÃO DE VALOR
ALTO VALOR
BAIXO VALOR
SUPERAÇÃO DA EXPECTATIVA DO CLIENTE
DÉFICIT NA EXPECTATIVA DO CLIENTE

28 PIPELINE

Apoiar um ao outro como num time de futebol.

CONCEITO

Todo departamento deve atuar no aumento da geração
de valor da organização.

MÉTODO

Uma organização pode aumentar a importância dos produtos e serviços para o cliente:

- Aumentar a atenção nas atividades realizadas pelos colaboradores.
- Fazer com que todos os departamentos ajudem no desenvolvimento e vistoria dos produtos.
- Assumir responsabilidade pelas atividades e fazer o melhor pela organização.
- Criar um pipeline de valor, cooperar e criar produtos e serviços que tenham muito valor agregado.

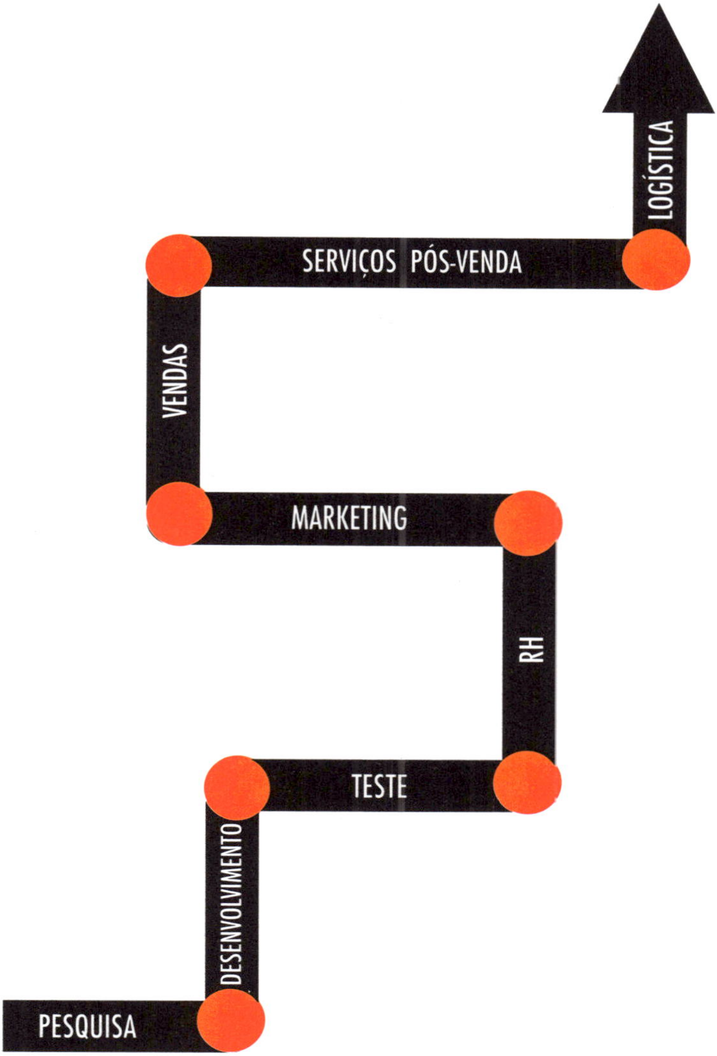
PESQUISA
DESENVOLVIMENTO
TESTE
RH
MARKETING
VENDAS
SERVIÇOS PÓS-VENDA
LOGÍSTICA

O CEO

deve conhecer

seu PIPELINE.

Conectar pipelines criativas e agregar o valor para alcançar o sucesso.

Do **início** ao **fim**, todo departamento pode ajudar para que o sucesso seja alcançado.

Iniciar selecionando bons materiais, padronizando os materiais de produção e criando bons produtos.

O Departamento de Marketing fará sua parte enquanto o Departamento de Vendas aumentará a vantagem dos produtos que comercializam.

O CEO

deve conhecer

seu PIPELINE.

Unir pipelines criativos. O Departamento de Vendas vendeu os produtos, o de Logística embalou e entregou perfeitamente os produtos aos clientes.

Todos esses processos são formados por meio da cooperação de cada colaborador em cada departamento para oferecer os melhores produtos aos clientes.

29 VALOR

Proporcionar a satisfação do cliente.

CONCEITO

Agregar valor aos produtos para melhor satisfazer os clientes.

MÉTODO

1) Agregar valor aos produtos.

2) Ações de Marketing fazem com que as pessoas conheçam os produtos.

3) Quando as atividades de marketing aumentam, as despesas e o preço de venda serão maiores.

4) Quando o preço de venda é maior, os clientes precisam desembolsar mais. Portanto, quanto mais gastam, maior a expectativa sobre o produto.

MAIS VALOR = MAIS LUCRO
PREÇO DE VENDA
VALOR
ATIVIDADE DE MARKETING
EXPECTATIVA DO CLIENTE
CUSTO
CUSTO DE PRODUÇÃO BÁSICO

BAIXO VALOR
=
EXPECTATIVA DO CLIENTE
=
PREÇO DE VENDA BAIXO

Não importa o preço de venda do produto, as expectativas do cliente são sempre altas.

ALTO VALOR

=

ALTA EXPECTATIVA DO CLIENTE

Sempre que uma organização puder agregar valor para agradar ao cliente, este ficará satisfeito em comprar um produto ao preço que puder despender de acordo com suas expectativas.

SUPERAR A EXPECTATIVA DO CLIENTE

ALÉM DA EXPECTATIVA

EXPECTATIVA – PREÇO DE VENDA = EXPECTATIVA DO CLIENTE

SATISFAÇÃO MUITO ALTA

EXPECTATIVA DO CLIENTE

PREÇO DE VENDA	SATISFAÇÃO ALTA

↑ SATISFAÇÃO MUITO ALTA

SATISFAÇÃO ALTA

EXPECTATIVA DO CLIENTE

PREÇO DE VENDA	SATISFAÇÃO

↑ SATISFAÇÃO ALTA

SATISFAÇÃO

EXPECTATIVA DO CLIENTE

PREÇO DE VENDA	SATISFAÇÃO

↑ SATISFAÇÃO

O cliente fica satisfeito com o produto e serviço quando sua expectativa equivale ao preço de venda.

30 CADEIA DE VALORES

Processo para aumentar a vantagem dos produtos.

CONCEITO

Agregar valor ao produto para fazer com que os clientes sintam que ele vale o que investiram.

MÉTODO

1) Começar desde o princípio fazendo pesquisa e desenvolvimento de produto.

2) Selecionar as melhores matérias-primas antes de iniciar a produção.

3) Criar belos designs para atender ao público-alvo.

4) Utilizar uma boa gestão de sistema do início ao fim.

5) Agregar valor e confiança ao produto utilizando táticas de marketing.

Quando as expectativas do cliente se equivalem ao preço de venda, significa que eles estão satisfeitos com o produto e o serviço.

SUPERAR A EXPECTATIVA DO CLIENTE

O princípio básico é que os clientes sempre precisam mais do que esperam.

Todos os clientes esperam bons produtos, um excelente serviço e muita qualidade Suas expectativas crescem a todo o momento.

O produtor e o distribuidor devem ficar atentos com relação a seu produto.

É preciso se certificar de que o produto esteja em perfeitas condições, sem nenhum dano, antes da entrega ao cliente.

O produtor e distribuidor devem tentar fornecer um serviço que esteja acima das expectativas do cliente.

É preciso estar pronto e oferecer excelência de todas as formas: da produção até a entrega e execução do serviço. Evite, de todas as formas, desagradar a seus

DEIXAR DE ATINGIR A EXPECTATIVA DO CLIENTE

Satisfação = Expectativa – Preço de venda

Expectativa menos Preço de venda = número positivo

Isso significa que os produtos podem agradar ao cliente; ou

Significa que os clientes pagaram menos do que esperavam.

Isso é chamado de "Superar a expectativa do cliente".

Quando a Expectativa menos Preço de venda é calculado,

o resultado é um número negativo,

DÉFICIT NA EXPECTATIVA DO CLIENTE

ABAIXO DA EXPECTATIVA

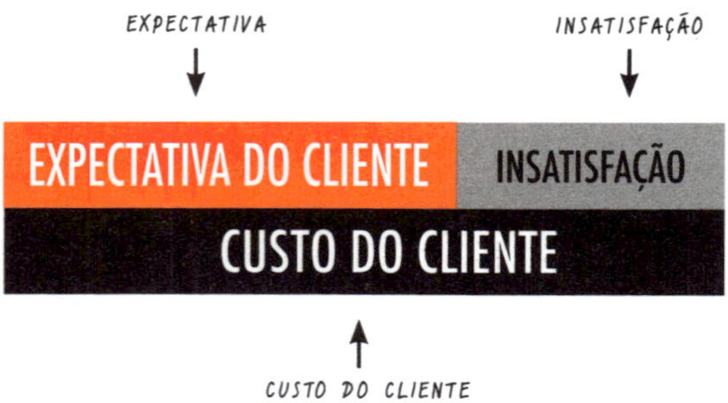

EXPECTATIVA – PREÇO DE VENDA = EXPECTATIVA DO CLIENTE

INSATISFAÇÃO ALTA

QUANDO OS CLIENTES SENTEM QUE O PRODUTO NÃO VALE O QUE PAGARAM, SIGNIFICA QUE ESTÃO INSATISFEITOS COM O PRODUTO E SERVIÇO

SUPERAR A EXPECTATIVA DO CLIENTE

Quanto mais se supera a expectativa do cliente, maior a chance de os clientes adquirirem o produto novamente. Se o produto de um concorrente não exceder a expectativa do cliente da mesma forma que o seu, há uma chance de o cliente mudar de marca e tornar-se um cliente fiel de sua empresa.

DÉFICIT NA EXPECTATIVA DO CLIENTE

Se o produto ou serviço não surpreender os clientes, eles podem mudar de ideia e trocar de marca.
Quanto maior a insatisfação, maior a chance de os clientes trocarem de marca.
Sempre que houver a oportunidade de impressionar um cliente, ela nunca pode ser deixada.
Porque uma vez que os clientes mudarem de marca e ficarem satisfeitos, será mais difícil recuperá-los.
Inovação...
Significa que os produtos não agradaram aos clientes ou que eles pagaram mais do que esperavam.
Isso é chamado de défice na expectativa do cliente.

31 INOVAÇÃO

Novos produtos ou serviços lançados no mercado.

CONCEITO

Novos produtos e inovação podem ditar as regras no mundo.

MÉTODO

1) Pesquisar: O que o cliente deseja?

2) Desenvolver: Novos produtos como resultado da pesquisa.

3) Divulgar: Os clientes precisam ser informados sobre as novidades.

4) Diferenciação de marketing: Inclusão de informações no mercado.

5) Apoio à equipe de vendas: Conheça o argumento de venda.

No caso da empresa Apple Inc., Steve Jobs teve uma atitude arrojada ao produzir um novo produto sem efetuar pesquisas. Esse produto excedeu as expectativas dos clientes ao incentivar a imaginação das pessoas. Era o iPod.

Os inovadores obtêm a maior fatia de mercado com aparelhos inteligentes antes dos copiadores entrarem no mercado. Os que copiam e seguem a tendência começam a cortar o preço de seus produtos, o que resulta em volume de vendas mais baixo e menor lucro.

iPod: A inovadora foi a Apple Inc. Ela criou um aparelho que poderia armazenar milhares de músicas e fotos digitalmente.

iPhone: A inovadora foi a Apple Inc. A empresa mudou o formato do telefone celular para uma tela touchscreen sem botões, que ganhou a maior fatia de mercado no setor de telefonia móvel.

iPad: A inovadora foi a Apple Inc. Ela deu início ao mercado de computadores tablets com um aparelho estiloso que poderia rodar diversos aplicativos. A companhia vendeu volumes absurdos e agradou a clientes no mundo todo. Esse aparelho inovador atraiu clientes de todos os públicos que estivessem dispostos a pagar por ele.

32 MARCA GUARDA-CHUVA

Muitos produtos com uma marca única.

CONCEITO

Todos os produtos de uma mesma organização debaixo de uma mesma marca.

MÉTODO

Algumas empresas desenvolvem novos produtos com novas marcas com o objetivo de fazer os clientes se lembrarem de seu produto. Como, por exemplo, uma marca para amaciante de roupas e uma para sabão em pó.

Por outro lado, algumas empresas acreditam que seus produtos são excelentes. Portanto, usam apenas uma marca para todos os produtos para poupar gastos com propaganda. Em vez de pagar 10 vezes por 10 produtos, elas pagam uma única vez para 10 produtos.

MARCA GUARDA-CHUVA

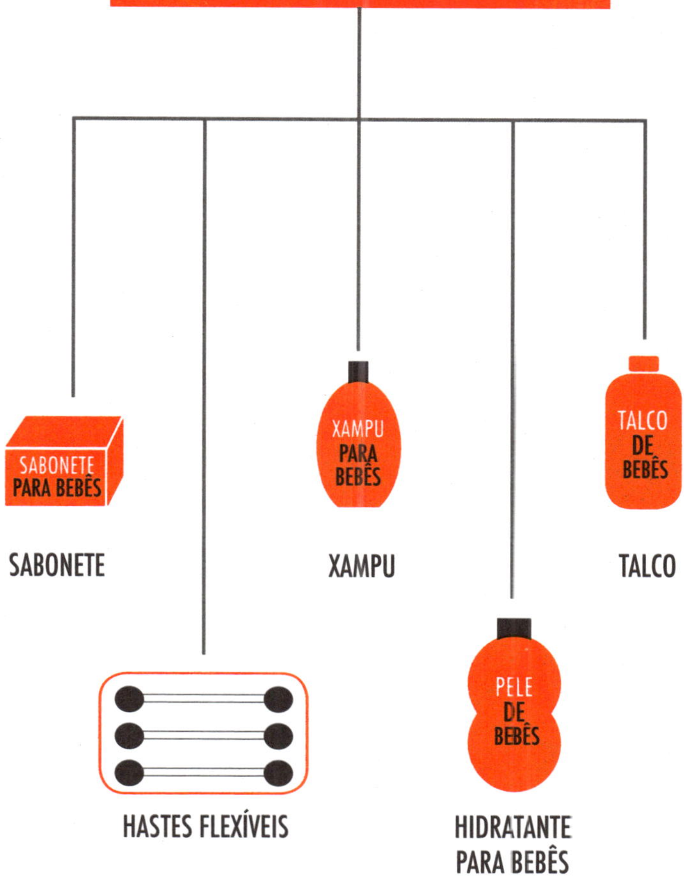

MARCA
GUARDA-CHUVA

=

TUDO COM
A MESMA
MARCA

Uma marca que possui todos os produtos abaixo dela é chamada de marca guarda-chuva

Por exemplo: Johnson & Johnson

Uma empresa que se utiliza da estratégia de marca guarda-chuva deve estar certa de que seu produto não é apenas bom, mas o melhor, pois essa estratégia é uma faca de dois gumes.

A vantagem é a economia de investimentos em marketing.

Os clientes confiam na marca devido ao primeiro produto, portanto, quando o segundo é lançado, eles pensarão que ele também é bom. (fidelidade da marca)

A desvantagem é que os clientes podem deixar de confiar na marca.

Se houver um problema com um produto, ele não vai vender.

Além do mais, ele também afetará os outros produtos da marca.

Ou seja, a marca deve fazer de tudo para afastar uma atitude negativa do cliente.

33 MARCA PRÓPRIA

Marcas próprias criadas por varejistas.

CONCEITO

Criação de uma nova marca. Os clientes têm a sensação de que a marca é mais barata, mas com a mesma qualidade quando comparada às outras.

MÉTODO

Nos hipermercados de hoje em dia, são oferecidos produtos baratos e caros. Em alguns casos, os clientes não conseguem diferenciar as duas marcas.

Por exemplo: O açúcar da marca A e o da marca B são similares. Nesse caso, os grandes comerciantes vão avançar no mercado. Por exemplo: açúcar da Tesco, vitamina C da Boots, folha de papel A4 da Office Depot, linguiça da 7-Eleven etc.

Suposição: Alguns varejistas criando suas próprias marcas

ARROZ	TESCO
ÁGUA	WALMART
REFRIGERANTE	ALDI
LEGUMES	TOPS
TALCO	BOOTS
ÁGUA	WATSONS
MOLHO DE SOJA	BIG C
SAL	MAKRO
PAPEL A4	OFFICE DEPOT
LINGUIÇA	7-Eleven

PENSAMENTO ESTRATÉGICO

PENSAMENTO CRIATIVO
PENSAMENTO ANALÍTICO
PENSAMENTO INDEPENDENTE
PENSAMENTO SISTÊMICO
PENSAMENTO HOLÍSTICO
PENSAMENTO ESTRATÉGICO

34 PENSAMENTO CRIATIVO

Pensamento diferente das regras usuais.

CONCEITO

O pensamento e a atitude diferentes criam resultados diferentes.

IMPORTANTE

1) Uma nova ideia criativa tem de ser útil: inovadora.

2) Diferente das ideias anteriores: a repetição é desnecessária.

3) Diferente da concorrência: fidelidade da marca.

4) Utilização de pensamento criativo para desenvolver sistema de operação e comunicação de marketing atualizada: imagem renovada.

5) Toda etapa pode ser criativa: trabalho em equipe.

Pensamento inovador
(fora da caixa)
Pensamento
convencional

35 PENSAMENTO ANALÍTICO

Considera todas as informações e todos os ângulos.

CONCEITO

Descubra a razão pela qual algo acontece.

IMPORTANTE

1) Analisar o que acorreu para descobrir a causa verdadeira.
2) Por exemplo, por que o volume de negócios caiu no mesmo trimestre do ano passado?
3) Por que os funcionários sempre pedem demissão em outubro?
4) Por que a produção está mais atrasada do que o normal?
5) Por que produtos preto e branco são sempre os mais vendidos?
6) Por que o preço do ouro está mais alto do que o normal?

PENSAMENTO ANALÍTICO

Os requerimentos importantes para o pensamento analítico são as perguntas adequadas. Se o CEO consegue fazer boas perguntas como O que, Quando, Onde, Por que, Quem e Como aconteceu, ele terá as respostas certas para buscar as melhores soluções.

36

PENSAMENTO INDEPENDENTE

Muitas direções confundem a todos.

CONCEITO

A mudança de líder altera as políticas, confundindo as pessoas e obscurecendo o caminho a seguir.

IMPORTANTE

1) Quando as pessoas pensam, agem e fazem coisas de modo diferente num momento diferente, os resultados também serão diferentes.
2) É possível que a política não corresponda.
3) É o oposto ao pipeline e à cadeia de valor.
4) Funciona por um período de tempo e não o tempo todo.
5) Isso não leva à compreensão total, portanto, a empresa tem de fazer e pagar por isso novamente. Isso é especialmente verdadeiro quando há mudança no direcionamento que causa falta de continuidade.

Exemplo, movimentação em diferentes direções

A primeira política é para seguir à esquerda.

Pensamento Independente + Comportamento Independente = Resultado Independente (sem continuidade)

A segunda política é oposta à primeira.

A terceira política é para seguir em outra direção.

A quarta política é para uma nova direção.

Pense diferente + aja diferente = Direção errada

37 PENSAMENTO SISTÊMICO

Pense no futuro, considere o passado.

CONCEITO

Desenvolvimento de ideias como um pensamento sistêmico; como interpretar todas as informações para que isso seja uma vantagem da organização?

IMPORTANTE

1) O primeiro passo para a produção é a introdução de materiais.
2) Na produção de móveis é utilizado madeira, espuma, poliéster, couro, pinos de metal e outros materiais.
3) O resultado é o móvel, mas a qualidade depende dos materiais empregados.
4) Atentar ao feedback, por exemplo, cola fraca e pinos que enferrujam. Quando prestamos atenção no retorno dado pelo cliente, é possível resolver problemas e desenvolver os produtos.
5) Considerar o ambiente e as pessoas.

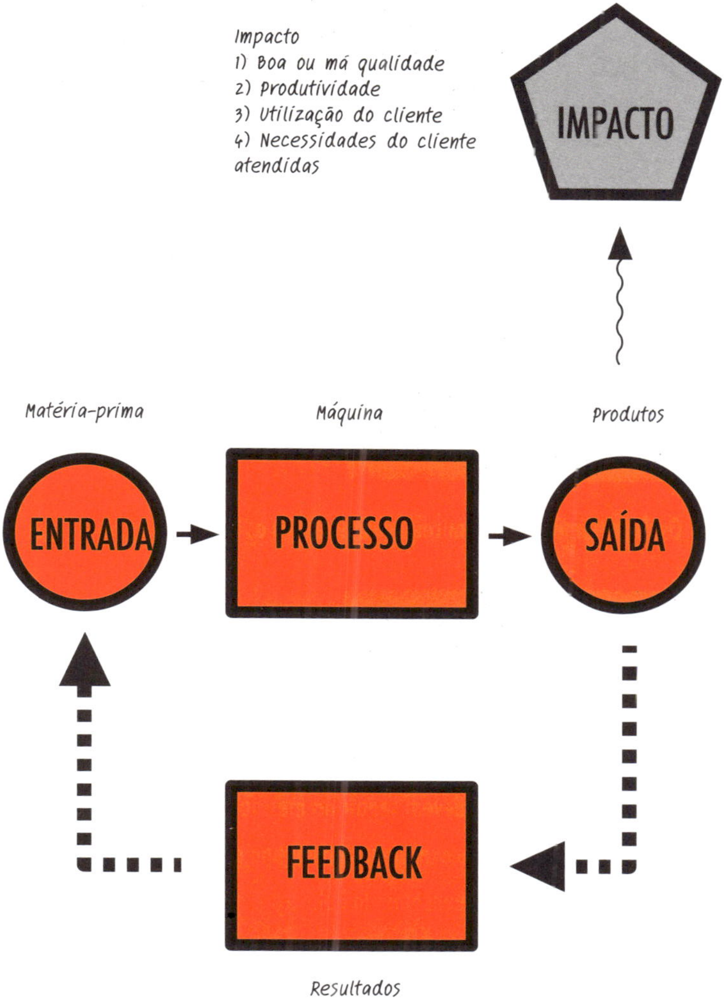
Impacto
1) Boa ou má qualidade
2) Produtividade
3) Utilização do cliente
4) Necessidades do cliente atendidas
IMPACTO
Matéria-prima
Máquina
Produtos
ENTRADA
PROCESSO
SAÍDA
FEEDBACK
Resultados

38 PENSAMENTO HOLÍSTICO

Visualização do direcionamento dos departamentos de modo abrangente e não separadamente.

CONCEITO

Os departamentos devem colaborar uns com os outros.

IMPORTANTE

1) Todos os departamentos são conectados uns aos outros.
2) Todas as unidades devem seguir na mesma direção.
3) Todos os diretores e executivos devem apoiar um ao outro.
4) O ponto crucial do pensamento holístico é que todos sigam na mesma direção.
5) O pensamento holístico é oposto ao pensamento independente. Sempre que o líder de uma organização tiver pensamento holístico é como se ele soubesse o caminho correto e fizesse com que todos seguissem em direção a ele.

LUCRO
GERAÇÃO DE VALOR
DEPARTAMENTO DE MARKETING
DEPT. DE VENDAS
CEO
DEPT. P&D
DEPARTAMENTO PRODUTIVO
INFRAESTRUTURA: SISTEMA DE APOIO

39 PENSAMENTO ESTRATÉGICO

Reflexão + Planejamento para vencer a concorrência.

CONCEITO

1) Pensamento no futuro; seja perspicaz.
2) Estude sua organização, conheça suas forças e fraquezas.
3) Estude a concorrência, encontre suas fraquezas.
4) Faça um novo planejamento para vencer a concorrência.

IMPORTANTEE

Quando uma empresa possui PENSAMENTO SISTÊMICO ou HOLÍSTICO, demonstra que ela desenvolveu o pensamento organizacional a um NÍVEL COMPETITIVO. O próximo passo é o pensamento estratégico para que seja possível ganhar da CONCORRÊNCIA POR MEIO DE ESTRATÉGIAS MAIS inteligentes e melhores táticas.

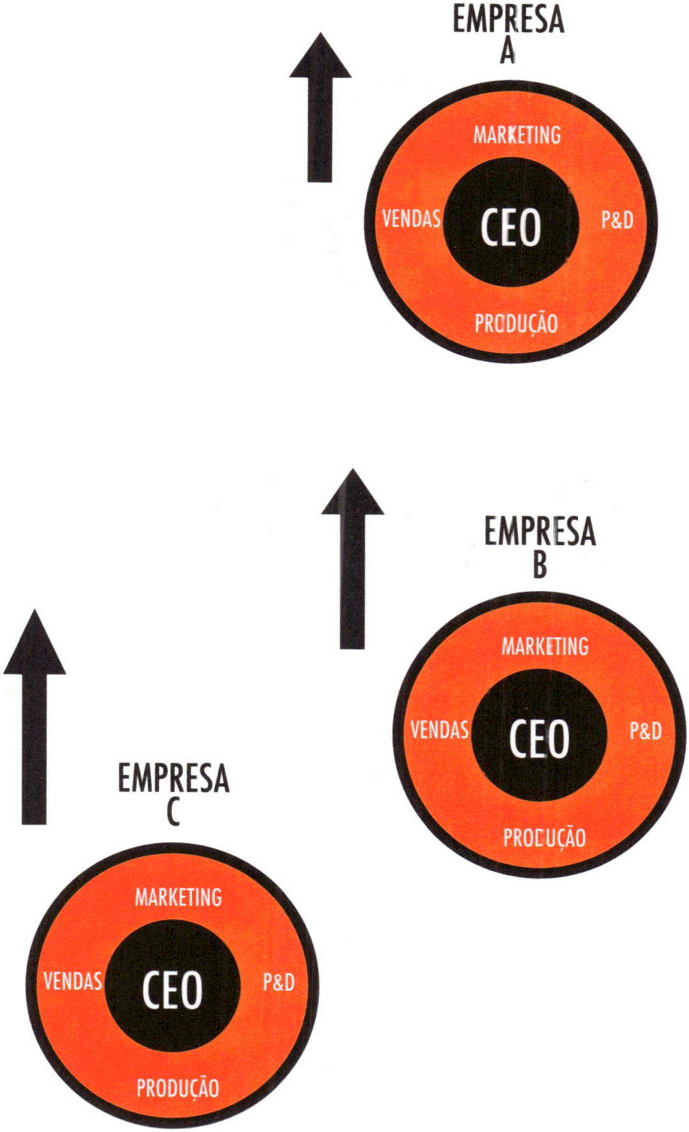
EMPRESA A
MARKETING
VENDAS
CEO
P&D
PRODUÇÃO
EMPRESA B
MARKETING
VENDAS
CEO
P&D
PRODUÇÃO
EMPRESA C
MARKETING
VENDAS
CEO
P&D
PRODUÇÃO

ESTRATÉGICO

O pensamento estratégico é muito importante para uma empresa vencer a concorrência em longo prazo. Toda organização deve possuir pensamento estratégico, mesmo que ele seja difícil de implantar. Além disso, os resultados positivos deverão ser avaliados tanto no presente quanto no futuro.

PENSAMENTO

Uma organização "sem crescimento" sempre possui pensamento independente e não sistêmico ou holístico. Se o líder de uma organização não possuir pensamento estratégico, ela não perdurará no mundo dos negócios.

Alguns produtos são muito bons e podem gerar receita extra para a empresa. Às vezes, não é necessário efetuar mudanças.

Dados ou informações são muito importantes para a empresa porque às vezes podem-se usar dados antigos de clientes para vender novos produtos.

O marketing é usado para informar nosso público-alvo sobre, por exemplo, eventos como a abertura de uma nova loja ou o lançamento de novos produtos.

Crescimento

Toda empresa precisa melhorar as taxas de crescimento ou o volume de vendas em comparação ao ano anterior. No entanto, são poucas as que conhecem o fator-chave de sucesso em seu setor e conseguem atingir esse objetivo.

Empresas precisam de planejamentos de curto e longo prazo para seus colaboradores seguirem e trabalharem em conjunto.

Novas ideias geram mais lucro. Para estimular a criação de ideias, algumas empresas premiam colaboradores que dão as melhores para o aumento das vendas ou para a redução de custos.

O treinamento pessoal é muito efetivo para novos contratados. Todos nós já fomos recém-contratados e precisamos de um bom treinamento.

Excelente Ideia

Boas ideias geram recursos, os quais as empresas, geralmente, investem no maquinário e no colaborador, para que aumentem ao máximo suas capacidades. Muitos colaboradores têm ideias boas ou inovadoras para ajudar a empresa em momentos de crise.

Este livro foi composto nas fontes Futura e Innercity,
e impresso em papel *Offset 90 g/m²* na Assahi.